아이와 찾은 한자,

한 단어 마음 공부

부모와 아이의 마음길을 여는 한자말 80

아이와 찾은 한자, 한 단어 마음 공부

우승희 지음

궁리
KungRee

들어가는 말

: 나와 고전 :

아이를 키울 때 가장 먼저 당황하는 것이 나의 몸이 완전히 아이에게 묶여버린다는 점이다. 아이가 세상에 나오자마자 나의 모든 행동과 생각은 아이로부터 시작된다. 잠을 자고, 잠에서 깨어나는 것조차 아이에 따라 달라지고, 어떤 장소에 가는 것과 가지 않는 것도 마찬가지로 아이를 중심으로 결정된다. 아이를 낳기 전에는 알 수 없는 극적인 변화가 시작된 것이다. 누군가는 이에 대해 자신을 잃었다고 표현하고 또 다른 누군가는 인간으로 성숙하는 과정이라고 말한다. 내게는 나의 삶이 송두리째 바뀌는 이 과정을 어떻게 받아들여야 할지 고민이 피어나기 시작했다.

몸이 자유롭지 않을수록 자유에 대한 갈망은 커진다. 자유를 잃었을 때 비로소 자유에 대한 의미를 알게 된다. 장자는 네 앞에 문도 없고 출구도 없을 때, '부득의한 곳不得已'에 머물 때 거의 다 온 것이라고 했다. 나 역시 사방이 가로막힌 순간에 비로소 자유에 대한 순수한 갈망이 생겨나기 시작했다. 당황스러운 마음을 잠재우기 위해서 처음에는 닥치는 대로 소설을 읽었다. 아이가 자는 시간을 틈타 『토지』, 『잃어버린 시간을 찾아서』, 『대망』과 같은 장편소설을 펼쳤다. 비록 몸은 묶여 있지만 아이가 자는 순간만큼은 마음을 자유롭게 노닐 수 있게 하고 싶었다. 그런데 현실을 어떻게 규정하고 받아들여야 하는지에 대한 문제가 좀처럼 해결되지 않았다. 내가 디디고 있는 땅이 아니라 저 멀리 하늘을 바라보고 위안을 얻는 것처럼 해소되지 않는 무언가가 남아 있었다.

나에게는 보다 직접적인 배움이 필요했다. 삶이란 무엇일까. 배움은 어떤 마음으로 지속할 수 있을까. 자식을 기르고 교육한다는 것의 의미는 무엇일까. 그때 문득 『논어』를 읽어보고 싶다는 생각이 들었다. 인류의 스승이라고 하는 공자에게는 보다 직접적인 울림을 얻을 수 있지 않을까 기대하면서 말이다. 초행길에는 많은 것이 불안하다. 어떤 어려움이 도사리고 있을지 알 수 없고 중간에 포기할까봐 두려운 마음도 든다. 필사는 그런 두려움을 없애고 처음과 끝을 가능하게 해주는 효과적인 방법이다. 이해하지 못하는 것이 있더라도 누구나 끝까지 베껴 쓸 수는 있다. 처음부터 끝까지 따라가면 적어도 다음에 다시 읽을 때 도움이 된다. 한 번이라도 갔던 여행지에서 익숙함을 느끼는 것처럼 말이다.

2018년 5월 15일 새벽에 『논어』 필사를 시작했다. 공교롭게도 스승의 날이어서 그날을 기억한다. 그때는 우연이었지만 나에게 삶의 스승이 정해지는 날이었다고 생각한다. 『논어』를 만나면서 남이 아닌 '나를 위한 공부爲己之學'가 무엇인지 알게 되었고, 삶이 곧 배움이고, 배움이 곧 삶이기에 배우고자 하는 순수한 열정을 잃지 말아야 한다는 다짐을 하게 되었다. 『논어』, 『대학』, 『중용』, 『맹자』부터 『주역』, 『노자』, 『장자』를 필사했다. 때로는 감동받을 만한 구절을 만나기도 했고, 때로는 이해하지 못한 채로 넘어가기도 했다. 고전이라는 태산은 정복할 수 있는 것의 종류는 아니었지만 그것을 살짝 엿보는 것만으로도 나에게 적지 않은 충격과 깨달음을 주었다. 내가 본래 가진 생각이라는 것이 얼마나 사소하고 미미한 것인지를 알기만 해도 삶에 대한 마음과 태도가 달라지기 때문이다.

고전은 내가 한 사람으로서 어떤 마음을 가지고 살아가야 하는지, 부모로서 어떤 역할을 해야 하는지 끊임없이 고민하도록 만들어주었다. 작은 깨달음이 생겨나니 그것을 글로 정리해보고 싶은 욕심이 들기 시작했다. 어렸을 때부터 글과 가까이 해본 적 없고, 책도 그다지 좋아하지 않았지만 그럼에도 고전이 나에게 새로운 것에 도전하도록 이끈 것이다. 나의 생각을 글로 드러내는 일은 몹시 부끄럽고 부자연스러운 일이었다. 그리고 훈련 없이는 나의 생각과 글의 간격을 좁히는 것이 쉽지 않다는 것을 깨달았다. 그래서 매일 일기를 세 페이지씩 쓰기 시작했다. 어떤 구체적인 운동을 하기 위해서 우선 달리기로 체력을 기르는 것처럼 일기로 생긴 근육으로 글을 쓸 수 있을 거라는 기대를 가질 수밖에 없었다. 아이를 하루 종일 돌봐야 하니 새벽만이 나에게 일정한 시간을 제공해줄 수 있었다. 아이에게 매여 있는 어려운 상황이 오히려 나에게 절실함을 주었다. 나의 의지만으로 어설프지만 '엄마의 고전'이라는 책을 쓰기 시작했다. 누군가와의 약속이나 미래에 대한 보장 없이 오로지 나의 힘으로 무엇인가를 마무리하는 과정을 겪어냈다. 시험을 통과하기 위한 공부나 수단으로서의 공부가 아니었다. 즉 인생 최초로 유용성과 거리가 먼 공부를 한 것이다. 물론 그때 쓴 글이 출판으로 이어지지는 않았지만 또 다른 글쓰기에 대한 기회를 열어주었고, 무엇보다 나에 대한 굳은 신뢰라는 귀중한 보물을 얻었다.

: 한자와 문해력 :

내가 이렇게 읽고 쓰기를 실천하는 동안 나의 아이도 부쩍 자랐다. 걷기 시작하고, 말을 할 수 있게 되었다. 아이는 어느 순간 사물의 뜻을 무차별적으로 묻기 시작했다. 한글로 이해하기 좋도록 풀어서 설명해 주었지만 때로는 한자의 뜻과 음만 알면 더 간단히 이해할 수 있는 말들도 많았다. 특히 구분이 명확한 반대말을 알려줄 때는 한자가 훨씬 간편하다. 인도人道와 차도車道, 지하地下와 지상地上 같은 말은 한자로 알려주는 것이 더 간결하고 쉽다. 말을 배우기 시작했으니 당연히 한자도 동시에 알려주어야 하는 것이라고 생각했다.

우리말 안에는 한글과 한자가 함께 한다. 언제부턴가 한글이 한자보다 우월하고 과학적이라는 주장이 우세하기 시작했다. 한자는 시대에 뒤떨어진 문자라는 것이다. 한글 자체가 가진 위대함에 대해서는 이론異論의 여지가 없다. 한글은 대단히 과학적인 언어이기 때문에 자음과 모음의 법칙만 알면 쉽게 읽어낼 수 있는 장점이 있다. 하지만 그것 때문에 '읽지 못하면서' '읽는다'는 착각에 빠지게 만드는 단점도 있다. 이처럼 어떤 언어든 그 안에는 장점과 단점이 공존한다. 한글의 한계를 한자가 보완하고, 또 한자가 가진 단점을 한글이 메울 수 있다. 한자만 숭상하고 한글을 경시했던 것이 위험했던 것처럼 마찬가지로 한자의 의미를 없애기 위해 노력하는 것도 누구에게도 도움이 되는 일이 아니다.

최근 몇 년간 교육계에서 가장 큰 이슈가 '문해력'이다. 아이들이 도무지 글을 이해하지 못한다는 것이다. 한글을 소리 내서 읽을 수 있지만 그것이 의미하는 바를 전혀 모르거나 틀리게 이해하고 있다는 것이다. 글을 이해하지 못하고 읽으면 시험을 잘 보고 혹은 잘 보지 못하는 정도의 어려움을 가지는 것이 아니다. 기본적인 배움조차 불가능하고, 의사소통도 어려워진다. 문해력이라는 것은 아이들이 기본적으로 가져야 하는 능력이기 때문에 사회적으로 큰 문제가 되었고, 그것을 해결하기 위한 갖가지 방법이 등장하기 시작했다.

나는 한자를 가르치지 않은 것이 이런 후과를 낳았다고 생각한다. 우리글 안에 담겨 있는 한자의 뜻을 모르는데 어떻게 우리말을 깊게 이해할 수 있을까. 한자를 배우는 것이 어렵기 때문에 아이들에게 좋지 않다는 것은 납득이 되지 않는 주장이다. 아이들에게는 놀 권리가 있는 것처럼 배울 권리도 중요하다. 배울 수 있는 것을 배우지 못하도록 가로막는 것이 과연 옳은 일일까. 한자를 알면 쉽게 이해할 수 있는 것을 한글로 풀어서 빙빙 돌려 알려주는 것이 과연 아이들에게 쉬운 길을 제시하는 방법이 될 수 있을까. 모든 학습은 개념을 이해하는 것에서부터 출발한다. 개념을 이해하기 위한 한자의 뜻과 음을 아는 것은 배움의 시작이 되어야 한다. 문해력을 향상시키는 기본적이고 쉬운 방법은 한자를 조금씩 노출시키는 일이다.

: 한자와 고전 :

이 책은 아이와 엄마인 내가 한자 이야기를 나눈 약 일 년 간의 시간을 담고 있다. 한비자는 부모가 아이를 위해서 한다고 생각하기 때문에 원망하는 마음이 생긴다고 말한다. 그런 의미에서 나는 아이가 잘 따라오지 못한다고 원망할 일은 생기지 않을 것 같다. 아이에게 가르치고자 시작한 일이었지만 결국 내가 한자에 관심을 가지는 계기가 되었기 때문이다.

왜 '재미滋味있다'는 말이 '맛있다'에서 시작된 것일까. 미안未安하다는 말은 한글인 줄 알았는데 아직 편치 않다는 뜻이었구나. 왜 친구親舊라는 말에는 오래도록을 의미하는 '옛 구舊'가 쓰였을까. 양갱羊羹이 양고기 국물을 말하는 한자였다니. 약 2천 년 전에 굴원이 쓴 창피猖披라는 단어를 아직까지 온전하게 사용하고 있는 것도 경이롭게 느껴졌다. 경청傾聽이 좋지 않은 의미로 쓰였다는 것도 신선한 일이었다. 경청은 지금 무엇보다 좋은 의미로 쓰이고 있기 때문이다. 예의禮儀라는 말은 지금은 고루하게 느껴지지만 인간이 금수와 달라지는 획기적인 의미를 가진 말이었다. 포기라는 말은 버리는 것抛棄을 의미하기도 하고 자포자기自爆自己의 줄임말이기도 하다. 누군가가 말하는 포기가 전자였었는지 아니면 후자로 쓰였는지 여전히 헷갈리기도 했다. 다행多幸이나 행복幸福의 행幸 자가 요행僥倖을 의미한다는 점에서 행복의 의미도 다시금 생각해볼 수 있었다.

한자어는 본래 쓰이고 있었으면서도 꼭꼭 싸여서 감추어져 있던 보물처럼 느껴졌다. 보물을 찾고 그 뜻을 음미하는 과정에 푹 빠져 지난 일 년을 보냈다. 한자가 가진 뜻을 다시 고전에서 찾아보는 일은 일상에서 쓰는 한자라는 보물에 쌓인 먼지를 걷어내는 일이었다. 보물은 언제나 우리와 함께 있었다. 그것을 잊어버리고 그것을 경시하고 폄하하는 데 정력을 쏟은 것이 아닐까 생각해본다. 고전이 고전인 것은 오랜 세월이 지나고 또 지나도 여전히 사람들의 마음을 움직이는 힘을 가지기 때문이다. 그 당시의 사람들과 지금의 사람들, 세상이 아무리 변했다고 해도 기본적으로 가지는 감정은 크게 다르지 않다. 그것을 한자로 표현했고, 지금 우리도 그것을 그렇게 쓰고 있다. 다만 한글에 가려지고 어렵다는 이유로 점점 멀리하는 마음을 가졌을 뿐이다.

: 아이와 한자 :

아이에게 한자를 한두 자씩 알려주기 시작한 것은 아이가 여섯 살이 된 가을부터였다. 평소에 사용하는 말, 혹은 내가 가르치고 싶은 것을 써주고 뜻을 나눈다. 평소에 자주 쓰는 말이라면 그 말을 사용했던 상황에 대해 들려주기도 하고, 아이에게 그 말의 느낌을 묻기도 한다. 아이가 좋아하는 동화에서 주인공이 했던 말이나 접해보았던 말은 아이도 관심을 가지고 듣는다.

아이가 열이 올랐기 때문에 '미열微熱'이라는 단어를 알려줄 기회가 생겼다. 그 후에는 체온만 재면 "엄마, 미열이야?"라고 묻는다. 귀신을 좋아해서 '흡혈吸血'이나 '강시僵屍'와 같은 어려운 단어도 써보았다. 한자를 알게 되니 강시를 흉내낼 때 더욱 강직된 모습을 보여주어야 한다는 것을 알게 되었다. 무엇보다 아이에게 익숙한 말을 먼저 알려주어야 하기 때문에 아이가 하는 말과 나와 남편이 습관적으로 하는 말도 알게 되었다. "엄마, 지금只今 해줘", "귀신鬼神 이야기", "적당適當히 해", "일리一理가 있네" 등등, 일상에서 한자어를 어렵지 않게 찾을 수 있었다. 가르쳐줄 것이 생각나지 않는 날에는 친구의 이름을 추측해보기도 했다. '온溫' 자가 들어가는 친구 이름 덕분에 '따뜻할 온'을 배우게 되었다. "아마도 마음이 따뜻하고 넓은 사람이 되라고 부모님이 지어주셨나 보다"라고 말해주면 친구의 그러한 모습을 떠올려보기도 한다.

아이에게는 한자가 여전히 어렵지만 또 조금은 익숙한 말이 되기도 한 것 같다. 무엇보다 한글 안에 다른 한자가 담겨 있을 수 있다는 것을 어렴풋이 알게 되었다. 목장갑을 끼더니 '엄마, 목장갑의 목이 나무 목木이 아닐까?'라고 묻는 것이었다. 리모컨에 쓰여 있는 '전원電源'이라는 글자를 읽더니 "엄마, 여기 있는 '전원電源'이랑 '전원田園'일기의 전원이랑 같은 거야?"라고 묻기도 한다. 아이는 가끔 자기가 배울 한자를 스스로 정하기도 한다. 유리에 담긴 물에서 동그란 것이 무엇이냐고 물어 '기포氣泡'라고 말해주었더니 "그럼 오늘 '기포'를 배우면 어때?"라고 하기도 한다. 물론 이런 일은 아주 가끔 일어나는 일이다. 하지만 이런 것들이 조금씩 쌓여서 익숙해지면 우리말을 이해하는 데 큰 도움이 될 것이라고 생각한다.

너무 어린 아이에게 한자를 이런 식으로 알려준다고 하면 지나치다는 의견도 있었다. 만화를 통하거나 재미있게 쓸 수 있는 워크북으로 접해야 한다는 것이다. 물론 그것도 하나의 방법이 될 수 있다. 하지만 나는 어려워도 우리말이기 때문에 반드시 재미있게만 배워야 한다고 생각하지 않는다. 어렵다고 가르치지 않는 것보다 어려운 것을 익숙하게 만들어주는 것이 부모의 의무라고 생각했다. 언제나 배우는 것이 배우지 않는 것보다는 좋다. 아이에게 배울 기회를 주는 것은 그래서 나에게 무엇보다 중요한 일이다. 그것을 얼마나 받아들일 수 있느냐는 부모인 내가 아니라 아이에게 달린 일이다.

나의 할머니는 비록 한글도 반듯하게 쓰시지 못했지만 배움에 대해서는 진지한 마음을 가지고 계셨던 분이다. 내가 일곱 살 무렵, 문구점에서 천자문 쓰기 책을 사오셔서 아무 말씀 없이 건네주셨다. 나는 한두 장 따라 쓰다가 바로 어딘가에 던져버렸다. 그리고 까맣게 잊고 살았다. 그리고 30년 가까운 세월이 흘렀다. 우연히 고전을 접하게 되고, 한자에 관심을 갖게 되면서 할머니께서 그때 사다주신 천자문이 떠올랐다. 그 천자문이 나에게 생각지 못한 배움의 길로 인도해준 것은 아닐까 곰곰이 생각해보게 된다. 그때는 몰랐지만 그것을 전해주시던 할머니의 마음을 이제야 조금 알 것 같다. 만약 배움에 대한 할머니의 존경이 없었다면 아마도 나에게 이런 계기가 생기지 않았을 것이라고 믿는다.

어쩌면 내가 아이와 배우는 이유도 이런 것 때문이라는 생각이 든다. 한자의 의미를 되짚어보는 일이 나에게는 무척이나 흥미로운 일이었지만 아이의 마음에는 아직 닿을 수 있는 종류의 것은 아니다. 내가 천자문 책을 던져버렸던 것처럼 아이도 지금은 그 의미를 모를 가능성이 크다. 내가 할머니의 마음을 이해할 수 없었던 것처럼 아이도 내가 전달하고자 하는 진심을 이해하기는 어려울 것이다. 지금 당장은 한글 안에 한자의 뜻이 담겨 있다는 것만 알아도 충분하다고 생각한다. 훗날 배움의 과정 속에서 나와 나누었던 한자를 어렴풋이 기억할 수 있다면 기쁠 것이고, 엄마와의 이 시간을 추억한다고만 해도 고마울 것이다.

차례

[2장]

감정感情에서 찾은 한자

[3장]

관계關係에서 찾은 한자

[4장]

대화對話에서 찾은 한자

[5장]

동화童話에서 찾은 한자

1장

일상日常에서 찾은 한자

日

아이와 보내는 일상은 나에게 무엇보다 소중하다. 함께하는 순간이 모여 나와 아이의 삶을 이루는 것이고, 그 시간이 서로를 성장시키기 때문이다. 다른 무엇보다 같이 잠을 자고, 함께 일어나 밥을 먹고, 작은 즐거움들을 공유하는 일은 행복한 마음을 주기에 충분하다. 소박한 하루가 쌓여 삶 전체가 되는 것처럼 하루하루를 잃다 보면 마찬가지로 삶 전체를 잃게 되는 것이다. 아이가 일상의 의미를 이해하고 그것을 감사함으로 여길 줄 아는 어른으로 자라난다면 하루하루를 단단한 삶으로 채워갈 수 있지 않을까.

'해 일日'에는 날마다, 늘이라는 의미가 있고, '항상 상常'에는 영원하다는 뜻이 담겨 있다. 해가 떠오르는 것을 영원히 반복하는 것은 수고로운 일이 아니다. 매일 크게 다르지 않은 일상을 영위하는 것은 그렇게 중요하거나 즐거운 일로 보이지 않을 수 있다. 하지만 수고로워 보이지 않는 자연의 변화가 만물에 생명을 부여하듯, 반복되는 일상이 한 사람의 삶에 가치를 부여하고 그 성질을 규정한다. 그래서 특별하지 않은 일상을 성실하고 진지하게 임하는 것만이 인생을 현명하게 사는 방법이다.

· 1 ·

인도 人道

인도와 차도를 구분할 줄 아는 것은 기본이다

'인도人道'는 내 기억에 아이에게 처음으로 알려준 한자다. 아무 곳이나 뛰어나가는 아이에게 '사람이 다니는 길人道'과 '차가 다니는 길車道'이 다르다는 것을 가르치는 것은 무척이나 중요한 일이었다. 그것을 계기로 지하地下와 같이 한자로 풀이하기 쉬운 단어를 '땅 지, 아래 하!'라고 알려주었다. 처음에는 곧잘 따라 하고 이해하는 것 같았다. 눈치 없이 몇 번 더 그런 방식으로 말해주었더니 한자를 말하기만 해도 '나는 절대 듣지 않을 거야'라며 귀를 막기 시작했다. 그래서 약 2년 동안 한자를 입 밖에 내지 않았다. 비록 듣기는 불편해했지만 아이는 이때부터 한자가 무엇인지는 어렴풋이 알게 되었다.

인도는 '사람 인人'과 '길 도道'가 만나서 만들어진 말이다. '인도人道'는 보행자를 위해 만들어진 길이고, '차도車道'는 차가 다니는 길이다.

그래서 인도를 '걸음 보步'를 써서 '보도步道'와 '보행로步行路'로도 말한다. 인도人道는 사람으로서 반드시 지켜야 하는 도리를 말하기도 한다. 사람이 벗어나서는 안 되는 길이라는 점에서 차도와 구분되는 인도와도 비슷한 의미를 가진다고 할 수 있다.

"역이라는 책은 광대하여 모든 것을 갖추고 있다. 천도가 있고 인도가 있으며 지도가 있다易之爲書也, 廣大悉備. 有天道焉, 有人道焉, 有地道焉." 『주역周易』「계사 하」에 나오는 구절로, 여기서 인도는 사람의 도를 말한다. 천지인이 함께 놓인 이유는 사람의 지위가 하늘과 땅만큼 중요하다는 것을 말한다. 지위가 높은 만큼 사람은 하늘과 땅 앞에서 겸손하고 자기의 본분을 지켜야 한다는 말이다.

인도는 사회의 윤리 관계를 말하기도 한다. 『예기禮記』에는 "친해야 할 것은 친해야 하고 존중할 것은 존중해야 하며 어른은 윗사람으로 섬겨야 한다. 남녀 간에는 다름이 있으니 사람으로서 지켜야 할 도리는 큰 것이다親親, 尊尊, 長長, 男女之有別, 人道之大者也"라는 말이 있다. 윤리와 법도에 어긋나지 않는 것이 사람의 길이라는 것이다.

일곱 살 즈음에 슬슬 다시 한자에 대해 언급을 하자 엄마의 집요함에 포기를 한 것인지 아이가 하루에 두 자 정도는 배울 수 있다고 승낙을 했다. 처음에는 한자를 쓰고, 옥편에서 찾아주고 형광펜으로 선을 긋도록 했는데 그마저 귀찮아서 한 번씩만 따라 쓰도록 하고 있다. 부담이 될까봐 배운 것에 대해서는 다시 물어보지도 않는다. 그래서 그런지 외운 한자는 별로 없다. 그럼에도 한글 안에 한자의 뜻이 담겨 있다는 것만은 조금씩 이해하기 시작했다. 나는 그 정도로 충분하다고 생각한다. 외워야 할 때가 오면 매일 조금씩 접해본 경험이 도움이 될 것이라고 믿는다.

사소하지만 매일 한자를 써보는 것이 서로에게 버겁게 느껴질 때가 있다. 하지만 언어를 정확하게 이해하는 것은 배움의 기본이다. 아이의 미래는 내가 걸어가는 길과 다르고, 배움의 내용도 달라질 수 있다. 그럼에도 어떤 배움에서도 말과 글을 잘 이해할 줄 아는 것이 우선이다. 소리 안에 뜻이 담겨 있다는 것만 알아도 쉽게 안다고 생각하는 착각에서 벗어날 수 있다. 그것을 아는 것과 모르는 것은 말하고 배우는 태도에서 큰 차이를 낳는다. 조금은 더 조심스럽게 말을 하고, 조금은 더 깊이 배웠으면 하는 바람에서 매일 한자의 뜻을 함께 음미해보는 것이다.

· 2 ·

재원 才媛

재주가 뛰어난 젊은 여자

매일 한 단어를 배울 때 작은 칠판에 오늘 배울 한자를 써놓는다. “엄마, 오늘 배우는 글씨는 뭐야?”라고 물어 “응, 오늘은 ‘재원’이야”라고 대답하니 아이의 표정에서 기쁨이 묻어난다. 자기의 이름을 배운다니 무척이나 좋아한다. “그런데 여기 있는 재才는 재주가 많다는 뜻이고, 재원이의 재 자는 재상 재宰 자야”라고 말해주었다. 아이의 이름은 ‘재원才媛’과 소리가 같은 것을 염두에 두고 지었다. 재원은 ‘재주 재才’와 ‘여자 원媛’이 만나 재주가 뛰어난 젊은 여자를 말한다. 그러나 일반적으로 쓰이는 한자를 그대로 이름으로 사용하는 것이 좋지 않겠다는 단순한 이유로 ‘재상 재宰’ 자로 바꾸었다.

『논어論語』「선진先進」에는 “재주가 있건 없건 모두 자기 자식을 생각한다才不才, 亦各言其子也"라는 말이 나온다. 공자의 제자 안연顔淵이 죽자 안연의 아버지 안로顔路가 공자의 수레를 팔아 덧관을 마련하자고 청하자 공자가 한 대답이다. 여기에서 '재능이 있는 사람才'은 안연을 말하고, '재능이 없는 사람不才'은 공자의 아들 공리孔鯉를 말한다. 비록 자신의 아들이 안연의 지혜에는 미치지 못하지만 죽었을 때 덧관을 만들어주지 않았기 때문에 안연도 달리 대해줄 수 없다는 것이다. 그리고 수레를 팔아 걸어다니는 것도 예법에 맞지 않다고 거절한다. 『맹자』에는 "사람이 선하지 않게 되는 것은 타고난 재질의 잘못이 아니다若夫爲不善, 非才之罪"라는 말이 나온다. 여기에서 재才는 재材와 같은 뜻이다. 본성이나 재질을 가리킨다.

원媛은 『시경詩經』의 한 대목 "진정 이런 사람이 나라의 미인일 텐데展如之人兮, 邦之媛也"에서처럼 아름다운 여자를 말한다. 여자이든 남자이든 상관없이 뛰어난 사람을 이를 때는 인재人才라는 말을 사용할 수 있지만 재원에는 여자의 의미가 있기 때문에 남자에게는 쓰지 않는다.

한번은 유치원에서 서로의 이름을 소개하는 시간을 갖는다고 아이 이름의 뜻을 알려달라는 연락을 받았다. 나는 선생님께 "'재상 재'와 아름다움을 뜻하는 '여자 원' 자를 썼습니다. 나라를 이끌어나갈 만한 지혜롭고 현명한 사람이 되었으면 하는 바람에서 지은 이름입니다"라고 답을 보내드렸다. 사실 이렇게 거창한 이유로 이름을 지은 것은 아니었지만 성의껏 알려드릴 수밖에 없었다.

그리고 한참을 잊고 지냈는데 아이가 문득 "엄마, 나는 나라를 다스리는 사람이 될 거래"라고 단호하게 말하는 것이었다. 당연하게 그렇게 될 것이라고 믿는 눈치였다. "왜? 네가 왜 그런 사람이 될 거라고 생각하는데?"라고 물으니 선생님께서 자기의 이름을 그렇게 설명해주셨다는 것이다. 친구들과 선생님 앞에서 이름의 뜻을 되새기는 것이 아이에게는 강력한 경험이었던 것이다. 아이는 이 덕분에 자부심을 갖고 자기 이름을 좋아하게 되었다. 이름의 의미를 아는 것이 스스로를 아끼고 믿을 수 있는 하나의 계기를 마련해준 것이다.

· 3 ·

비교 比較

다른 아이와 비교할 틈이 없다

아이와 비교하기 놀이를 했다. 자기는 안경을 안 썼고 엄마는 안경을 썼다는 것, 엄마 머리카락은 짧은데 자신의 머리카락은 길다는 것, 자기 입술은 핑크빛인데 엄마는 그렇지 못하다는 것 등등. 자기가 더 예쁘다고 생각했던 점을 순식간에 찾아낸다. 평소에 지극히 주관적으로 예쁜 구석을 칭찬해주었는데 그것들을 엄마와의 비교거리로 삼는 것이다. 어쨌든 비교의 의미를 어느 정도 알고 있다는 것에 대해 위안을 삼을 수 있었다.

비교는 '견줄 비比'와 '견줄 교較'가 만나서 이루어진 단어다. 둘 이상의 차이, 우열, 공통점 등을 살피는 것이라는 의미를 가진다. 아이가 말한 비교는 차이를 통해 우월한 것과 열등한 것을 밝히는 의도를 가졌던 것 같다. 하지만 입체적인 형태를 가진 각각의 사람들 사이에서 전면적인 차이를 발견할 수 없다. 심지어 그 차이에서 우월을 나누는 것은 더 더욱 불가능한 일이다.

『안씨가훈顔氏家訓』에는 "수치스러움도 마다하지 않게 되고, 남과 능력이나 공적을 견주어 보게 되며不顧羞慚 比較材能 斟量功伐"라는 말이 나온다. 안지추는 지위나 봉급 때문에 부끄러움 없이 서로의 능력을 비교하는 벼슬아치들을 비판하고 있다. 사람들은 대개 이런 다툼으로 희망하는 지위에 오르는 사람에 대해 성공했다고 하거나 수완이 좋다고 한다. 하지만 안지추는 이것은 마치 음식을 훔쳐서 배를 불리고, 옷을 강도질해서 따뜻해지는 것과 다르지 않다고 말한다.

『주자어류朱子語類』에는 다른 종류의 비교가 나온다. "먼저 한 문단을 보고, 다음 한 문단을 본 후 두 단락을 비교하면 어떤 것을 잃었는지 어떤 것을 얻었는지와 무엇이 맞고 틀리는지를 알 수 있다先看一段, 次看一段, 將兩段比較, 孰得孰失, 孰是孰非." 주희가 한 비교는 사람 간의 비교가 아니라 문단 간의 비교이다. 공부를 할 때 비교를 통해 선후의 논리를 따져서 정확하게 이해한다는 것이다.

아이는 자기 스스로가 최고이며 반짝이는 존재라는 것을 알고 있다. 아직 친구들이 자기보다 잘하는 것이 무엇인지, 가진 것이 무엇인지 비교할 줄 모르기 때문이다. 조금 더 자라 세상을 보는 눈이 넓어지면 남과의 비교에서 좌절하고 괴로워하는 순간이 찾아올 것이다. 남보다 잘하는 것이 있으면 기쁘고 남보다 못하는 것이 있으면 답답한 마음이 드는 것은 어른인 나에게도 완전히 떨칠 수 없는 마음이기 때문이다.

하지만 '비교'는 타인과의 비교도 있고, 나 자신과의 비교도 있고, 주희처럼 공부 안에서 찾을 수도 있다. 비교를 할 수 있는 대상과 범위는 무수히 많다. 안지추가 비판했던 남과의 저울질에 치중할지 아니면 더 유익한 비교를 할지는 각자의 마음에 달려 있다. 남과의 비교가 아니라 나에게 집중하는 것, 자기를 소중히 여기는 단단한 마음을 가지면 타인과 우열을 가리려는 마음이 줄어든다. 자신에게 관심이 많은 사람은 남과의 비교에 쓸데없는 시간을 할애하지 않는다.

자공이 자신을 다른 사람과 비교하자 공자는 "사(자공)는 현명하구나, 나는 그럴 틈이 없다賜也賢乎哉. 夫我則不暇"라고 대답한다. 『논어』의 이 대목은 아이를 기를 때도 적용된다. 아이의 마음을 보고, 아이와의 대화의 길이 막히는 일이 없으려면 아이에게 관심을 기울이는 것이 우선이다. 그런 의미에서 공자처럼 나도 나의 아이를 다른 아이와 비교할 틈이 없는 것이다.

· 4 ·

시작 始作

처음으로 만들어가는 일

새로운 것을 시작하는 것은 무척이나 설레고 기분 좋은 일이기도 하다. 지금까지 아이는 거의 뭐든 나와 경험을 함께했다. 아이의 시작에는 언제나 내가 있었던 것이다. 걷기 시작하고, 기저귀를 떼기 시작하고, 그렇게 새로운 것에 도전하면서 지금에 이르렀다. 아이의 시작이 나에게도 평생 잊혀지지 않는 소중한 기억이 되고 있다.

시작은 '처음 시始'와 '지을 작作'이 만나 '처음에 짓는 것', '처음에 만든다'는 의미가 있다. 어떤 단계나 행동의 처음 단계나 첫발을 이르는 말이다. '시작이 반半이다'는 말은 무엇이든 망설이지 말고 실천해보라는 용기를 준다. '천 리 길도 한 걸음으로 시작된다'는 것은 큰 목표를 얻기 위해서는 지금 내가 할 수 있는 작은 발걸음에 마음을 다해야 한다는 뜻이다. 할 수 없는 일을 잘하려고 하지 말고 할 수 있는 일에 더욱 집중해야 한다는 의미를 가지기도 한다. '늦게 시작한 도둑이 새벽 다 가는 줄 모른다'는 뒤늦게 시작한 사람이 오히려 남보다 더 열중하게 된다는 것을 비유적으로 이르는 말이다.

『논어』에서 "음악이란 알 수 있는 것이니 [연주가] 시작될 때는 소리가 합해지고 계속 이어지면서 맑은 소리를 내는 듯하고, 음이 분명한 듯하며 끊어지지 않는 듯하면서 [한 곡이] 완성되는 것이다樂其可知也. 始作, 翕如也. 從之, 純如也, 皦如也, 繹如也, 以成"라는 말이 나온다. 시작은 음악이 처음으로 만들어지는 것이라는 의미로 쓰이고 있다.

『전국책戰國策』에는 "'선작자'가 반드시 완성을 잘하는 것도 아니고, '선시자'가 반드시 마무리를 잘하는 것도 아니다臣聞善作者, 不必善成. 善始者, 不必善終"라는 말이 나온다. 남들보다 빨리 실행하는作 사람과 먼저 입문始하는 사람이 언제나 더욱 좋은 결과를 가져오는 것은 아니라는 것이다. 그래서 조금 늦은 것을 걱정하기보다는 완성하지 못하는 것을 걱정해야 한다는 것이다.

나에게는 익숙한 것들이 아이에게는 모두 시작이다. 아이가 시작 앞에서 두려워하고 망설이는 것은 너무나 당연한 일이다. 아이는 나의 말투를 배워서 새로운 것을 하려고 하면 '귀찮다'거나 '관심 없다'라는 말을 곧잘 한다. 접해보지도 않았는데 귀찮고 관심 없을 리는 없다. 다만 새로운 시작 앞에서 마음이 쓰이는 것이 싫어서 하는 말일 것이다.

시작이 어려운 이유는 『전국책』의 말처럼 마무리가 잘되지 않을까 하는 걱정 때문인 경우가 적지 않다. 시작해놓고 중단해버리면 스스로 끈기 없는 사람이라는 것을 증명하는 것이기 때문이다. 그러나 시작부터 마무리에 대해 마음을 쓰는 일은 시작부터 하지 못하게 만드는 장애물일 뿐이다. 특히나 아이는 많은 것을 경험해보고 스스로 좋은 것과 싫은 것을 파악할 기회가 있어야 한다. 같은 것을 하더라도 반드시 부모와는 생각과 느낌이 같을 것은 아니기 때문이다. 가벼운 마음이 없으면 시작할 수 없다. 아이가 나처럼 끝에 대한 부담감 때문에 시작을 주저하지 말았으면 좋겠다.

돌이켜보면 시작했다가 중단하거나, 결과가 좋지 않아도 배울 수 있는 것이 있었다. 아무것도 안 하고 걱정하는 것보다 해보고 실패하는 것이 낫다. 그래서 좋지 않은 결과가 생겼을 때 시작을 나무라는 부모가 되고 싶지 않다. 아이는 자기 삶의 모습을 부단하게 만들어나가야 하기 때문이다. 똥인지 된장인지는 반드시 맛을 봐야 알 수 있다. 그래서 새로운 것을 '시작始'하는 것은 무엇을 '만들어내는 것作'보다 우선이다.

· 5 ·

영어 英語

'열매 맺지 못하는 꽃英'에 대해

영어는 나에게 언제나 고통을 안겨주는 과목이었다. 그래서 아이에게는 영어가 하나의 과목이 아니라 언어가 되었으면 하는 마음을 가지게 되었다. 영어로 된 그림책이 낯설지 않고 영어로 된 만화영화를 즐길 수 있으면 나보다는 갑갑한 상태에서 벗어날 수 있지 않을까 기대하는 것이다. 아직까지 아이는 스스로 영어를 무척이나 잘하는 사람이라고 생각한다. 우습게도 아이의 입에서 영어가 튀어나오면 가슴속에서 뿌듯함이 솟아난다. 내가 잘하지 못했던 것에 대한 보상심리일까. 아니면 영어가 가지고 있는 특별하고 강력한 소통의 힘 때문일까.

영국英國은 '잉'글랜드에서 '잉'이라는 중국어 음을 차용해서 만들어진 것이다. 그래서 그 뜻을 풀이하는 것은 크게 의미가 없다고 생각될 수 있다. 하지만 잉으로 발음되는 한자는 무수히 많은데 왜 그중에서

'영英'을 사용하게 된 걸까. '영'은 꽃이나 꽃장식을 말한다. 명예나 뛰어나다는 의미로도 자주 쓰인다. 재능이 탁월한 아이를 '영재英才'라고 하고, 지혜와 용기가 비범한 사람을 '영웅英雄'이라고 한다.

『도원명陶淵明』의 「도화원기桃花源記」에 "꽃잎들이 분분히 날려서 땅위로 떨어진다落英繽紛"라는 구절이 나온다. 여기서 '영英'이 '꽃잎'으로 쓰였다.

『맹자』에는 "천하의 뛰어난 인재들을 얻어서 가르치는 것이 세 번째 즐거움이다得天下英才而教育之, 三樂也"라는 말이 있다. 이때 '영'은 뛰어난 재목을 말한다. 맹자는 가족이 무탈한 것이 첫 번째 즐거움이고, 스스로 부끄러움이 없이 살아가는 것이 두 번째 즐거움이라고 했다. 이어지는 즐거움이 바로 훌륭한 제자를 기르는 일이라고 말하고 있다. 순자도 "요 · 순은 천하에 뛰어난 인물이다堯舜者, 天下之英也"에서 '영英'을 걸출하거나 탁월하다는 의미로 사용했다.

영어는 한자 뜻을 보면 꽃같이 아름답기도 하고 걸출한 언어이기도 하다. 영어를 능숙하게 해내는 사람을 보고 감탄하지 않는 한국인이 얼마나 될까. 그런데 '영'은 '열매를 맺지 않는 꽃'을 가리키기도 한다. 『명심보감明心寶鑑』 「교우交友」에 "열매를 맺지 않는 꽃은 심지 말고, 신의 없는 친구는 사귀지 말라不結子花休要種, 無義之朋不可交"라는 말이 나온다. '영英'은 심으면 안 되는 꽃인 것이다. 열매를 맺지도 못하면서 사람들의 마음을 현혹시키기만 하는 꽃은 마치 신뢰가 없는 관계처럼 이롭지 않다는 것이다. 영어를 사용할 때 담긴 내용보다 유창함에 현혹되는 경우가 이와 비슷하다고 볼 수 있지 않을까.

중국에서 대학을 다닐 때, 다른 지역에서 와서 보통화를 더듬더듬 말하는 친구들이 있었다. 처음에는 유창하게 보통화를 쓰는 친구가 멋지게 보이고 대단한 이야기를 하는 것처럼 느껴졌었다. 그러나 점점 귀가 트이고 내용을 이해할 수 있게 되자 유창함이 전부가 아니라는 생각이 들기 시작했다. 주장이 명확하고 생각이 깊으면 서툴러도 많은 사람들이 귀담아들을 수 있는 이야기를 해낼 수 있지만 깊이가 없으면 공허할 뿐인 것이다.

뒤늦게 깨달았지만 유창함보다는 내용이 먼저였다. 그런 의미에서 외국어보다는 언제나 국어가 우선이어야 한다. 자신의 생각을 담을 수 있는 그릇은 외국어가 아니라 모국어이기 때문이다. 영어는 여전히 중요하다. 하지만 아이가 화려한 꽃이 아닌 탐스러운 열매를 맺는 나무의 의미를 알았으면 좋겠다.

· 6 ·

변화 變化

아이의 변화變化는 언제나 부모의 예상을 앞선다

변화라는 단어는 마침 아이가 유치원에서 일곱 살 반에 올라갈 때 배우게 되었다. '변화가 뭘까'라는 물음에는 제대로 대답하지 못해도 '형님 반에 올라가면 뭐가 변하니'라고 물어보니 선생님, 친구들, 교실 등등 많은 것들이 변한다고 대답한다. 이제는 정말 아이에게 아기 때의 모습을 찾을 수 없게 되었다. 작년만 해도 언뜻 아기 때의 모습이 보였는데 이제는 어엿한 꼬마가 된 것이다.

변화는 '변할 변變'과 '될 화化'가 만나서 사물의 성질이나 모양, 상태가 바뀌어 달라지는 것을 말한다. 날씨가 변하고, 사회가 변하고, 마음도 변한다. '한결같다'는 말은 변화와 반대되는 말이다. 모든 것이 변하기 때문에 변하지 않았으면 좋겠다는 것에 대해 누구나 한 번쯤 고민해 보게 된다.

『주역』에는 "하늘의 도는 변하고 화하며 각 사물의 성품과 소명을 바로잡는다乾道變化, 各正性命"라는 말이 나온다. 하늘의 도는 꾸준하게 변하고 그 변화 속에서 모든 것들이 다 제자리를 찾아가는 것이라는 의미다. 만물에 변하지 않는 것이란 없다. 변화를 받아들이고 그에 따라 적응해나가는 것이 삶이다.

『열자列子』에는 환술사에 대해 "떨어지지 않고 허공을 타고 다녔고, 물건에 부닥뜨려도 방해를 받지 아니했다. 그의 천변만화하는 재주는 끝이 없었다. 물건의 형체를 변화시킴은 말할 것도 없거니와 사람들의 생각까지도 바꾸어놓을 수 있었다乘虛不墜 觸實不硋 千變萬化 不可窮極"라고 말하는 구절이 나오는데, 여기에 '천변만화千變萬化'라는 성어가 보인다.

세상에 변하지 않는 것이 없다고 해도 아이가 변하는 모습을 보는 것은 부모로서 가슴 찡한 일이다. 아이는 지금을 기억하고, 미래를 기대하는데 부모는 자꾸 과거에 대한 생각에서 쉽게 벗어나지 못한다. 아이도 지금보다 어릴 때 자신이 얼마나 사랑받았는지 듣는 것을 여전히 좋아한다. 하지만 어린 시절을 아쉬워할 리는 없다. 아이는 벌써 새로운 곳을 향해서 자신의 길을 가기 시작했다. 그 변화는 하루 이틀 전에 찾아온 것이 아니라 태어나는 그 순간부터 이루어진 것일 테지만 부모에게는 그 변화가 무척이나 크게 느껴질 때가 찾아온다. 그 변화를 인지하지 못하는 경우에 어김없이 자식과의 관계에서 어려움을 겪기도 한다. 나 역시 실제로 경험하기 전까지는 그것에 대해 제대로 이해할 수 없을 것이 분명하다. 아이가 아기티를 벗는 것은 기쁜 일이지만 벌써부터 그런 변화에 대해 아쉬움을 느끼는 것을 보면 조금 더 큰 변화 앞에서 의연하게 대처하기가 쉽지 않겠다는 생각도 든다.

아이의 변화는 언제나 부모의 예상보다 빠르고 그렇기 때문에 벌써가 아니라 이미 시작되었고, 앞으로도 멈추지 않을 것이 분명하다. 『주역』의 가르침처럼 하늘의 도는 본래 변화고 서로 화합하는 것이기에 나와 아이의 모든 것들은 변화하기 마련이다. 지속적으로 제자리를 찾기 위한 노력이 변화 그 자체이다. 내가 아이의 변화를 자연스럽게 끌어안고 도움을 줄 수 있는 부모가 될 수 있을까. 아이의 변화를 포착하고 나의 역할에 변화를 줄 수 있을지 모르겠다. 하지만 한 발 늦더라도 그러한 변화들을 응원할 수 있는 사람이 되고 싶다. 아이의 변화는 나보다 앞서가겠지만 뒤에서라도 아이가 가고자 하는 길을 비춰주는 따뜻하고 위안을 주는 존재가 되고 싶다.

· 7 ·

좌우 左右

'통제左右'하지 않고 '보호左右'하는 부모

아이와 한자를 배울 때 가장 익히기 쉬운 말이 반대말이다. '윗 상上'과 '아래 하下', '하늘 천天'과 '땅 지地', '바깥 외外'와 '안 내內'처럼 '왼 좌左'와 '오른 우右'도 어렵지 않게 알려줄 수 있었다. 차에서 우회전, 좌회전이라는 말이 나오면 먼저 왼손이 어디이고 오른손이 어디인지 찾게 된다. 그것을 찾기 위해서는 또 연필을 쥐는 손이 어디인지부터 생각해 봐야 한다. 아직도 오른쪽과 왼쪽은 아이에게 쉽지 않다. 매번 차분히 그 방향을 찾아나가는 것이 옆에서 볼 때 조금 답답해도 시간이 가면 편해지는 날이 올 것이다.

좌우는 '왼쪽 좌左'와 '오른 우右'가 만나 왼쪽과 오른쪽을 아울러 이르는 말이고, 옆이나 주위를 말하기도 한다. '좌우되다'는 것은 어떤 일에 영향이 주어져서 지배된다는 의미가 있다. 반대로 '좌지우지하다'는 누군가에게 영향을 주고 통제하는 것을 가리킨다.

『사기史記』에서는 손자가 궁중의 미녀 180명을 훈련시키는 장면이 나온다. 손자는 "여러분들은 자신들의 가슴, 왼손, 오른손 등을 알고 있는가汝知而心與左右手背乎?"라며 진지하게 훈련을 시작하지만 오왕 합려의 후궁들이 비웃으면서 제대로 따르지 않는다. 결국 총애를 받는 두 명의 후궁의 목을 베고 규율을 엄히 다스릴 수 있게 되었다고 한다. 『춘추좌전春秋左傳』의 "무릇 군사를 좌지우지할 수 있는 것을 '이以'라고 한다凡師, 能左右之曰以"에서 좌우는 통제와 지배를 가리킨다. 손자처럼 군사를 좌와 우로 쉽게 이동시키는 것이 군사를 통제하는 기본이라는 것이다.

『주역』에 나오는 "천지의 마땅함을 법제화하여 백성들의 생활을 돕는다輔相天地之宜, 以左右民"에서 '좌우'는 돕는다는 뜻을 가진다. 천지의 마땅함이라는 것은 봄의 기운을 받아 씨를 뿌리고 가을에 만물의 열매를 맺게 하여 그것을 거두는 것을 말한다. 그러한 자연의 마땅함을 법으로 만들어 백성들을 인도하고 도와야 한다는 것이다.

군사는 좌지우지左右해야 하지만 백성은 좌지우지하는 것이 아니라 도와야左右 한다고 말한다. 군사는 단 한 가지 목적을 이루기 위한 집합체이다. 사람 개개인은 그렇지가 않다. 사람은 우선 자연의 변화를 따라야 하고 자라나는 시간에 따라서 성장을 거듭해야 한다. 아이들을 키우는 부모도 아이를 '좌지우지左右'할 것인지 아니면 '도와야左右' 할 것인지에 대해서 언제나 고민해보아야 하는 것 같다. 사람은 한 가지 목적을 위해 키워지는 것이 아니기 때문이다.

너무나 당연하지만 잊어버리기 쉬운 것이 아이들의 계절이다. 아이들은 지금 인생에서 봄을 보내고 있다. 봄의 기운은 준비를 하고 씨를 뿌리는 것을 돕는다. 열매를 맺고 구체적인 성과가 보여질 수 없는 계절인 것이다. 그럼에도 아이에게 어떤 싹이 있는지를 끊임없이 관찰하고 판단하고자 하는 것이 부모들의 모습인 것 같다. 지금 해야 하는 것은 아이가 많은 것을 흡수하고 경험하는 것이지 그것을 드러내야 하는 것이 아니다. 농사를 짓는 것은 일 년 안에 결론이 나는 일이고, 나무를 키우는 것은 10년 안에 판단이 되는 일이지만 사람을 키우는 일은 평생을 지켜보아야 하는 일이다. 부모는 아이의 계절의 이치를 이해하고 기다려주어야 한다. 아이를 키울 때 '좌우左右'라는 말은 대체로 통제가 아니라 돕는 의미에 가깝게 쓰여야 한다.

· 8 ·

반숙 半熟

반숙半熟은 성숙成熟으로 가는 길

아이에게 생계란 알레르기가 있었다. 조금이라도 덜 익은 부분을 먹으면 몸에 두드러기가 생겨서 항상 계란을 요리할 때는 신경이 쓰였다. 그런 아이가 요즘에는 반숙을 좋아하게 되었다. 반숙과 완숙 중에 언제나 반숙을 외친다. 반숙에 간장과 참기름을 비벼 먹기도 하고, 김치볶음밥도 반숙과 함께 먹는다. 그래서 그런지 반숙이라는 한자를 쓰고 앞 글자 반을 읽어주었더니 다음 글자는 '숙'이라며 어림짐작으로 맞힌다. 그 뜻을 물으니 '계란을 덜 익힌 것'이라고 대답하는 것이다.

반숙은 '절반', '가운데'를 의미하는 '반半'과 '익다', '여물다'를 의미하는 '숙熟'이 만나서 만들어진 단어다. 과일이나 곡식이 덜 여물거나 계란이나 식품을 덜 익힌 것을 가리킨다. 다른 식품보다도 계란에 반숙이라는 말을 자주 사용한다. 음식은 대개 완전히 익혀야 하거나, 또는 완전히 익히지 않아야 본연의 맛을 즐길 수도 있다. 계란은 완전히 익기 전의 상태에서 특별한 맛을 내는 몇 안 되는 음식인 것이다.

『한비자韓非子』에는 "의심스러운 점이 진실로 의심스럽다면 옳다고 생각하는 자가 절반이고 그르다고 생각하는 자가 절반일 것이다疑也者誠疑 以爲可者半 以爲不可者半"라는 말이 나온다. 『장자』의 구절, "그러나 한밤중에 힘이 센 사람이 그것을 메고 달아난다然而夜半有力者負之而走"에서 '야반夜半'이라는 말이 나온다. 여기에서 반은 중간에 처한 상태로 한밤중을 말한다.

"요리사가 곰 발바닥을 삶았는데 익지 않았다宰夫胹熊蹯不熟." 『춘추좌전』의 이 대목에서 숙은 '익다', '익히다'라는 뜻으로 쓰였다. '성숙'이라는 의미는 『맹자』의 「고자 상告子上」에서 보인다. "오곡은 곡식 중에서 좋은 것이기는 하지만 여물지 않으면 비름이나 피만도 못하다. 인仁의 가치 역시 여물게 하는 데 달려 있다伍穀者, 種之美者也, 苟爲不熟, 不如荑稗. 夫仁亦在乎熟之而已矣"에서 '숙熟'은 여문 상태를 말한다. 좋은 곡식도 익지 않으면 그 기능을 하지 못하는 것처럼 인이라는 것도 배움을 통해 성숙시키지 않으면 오히려 배우지 않는 것보다 못하다는 것이다.

음식에는 반숙이 어울리기도 하지만 사람은 반만 성장하기 위해 살아가지 않는다. 반숙보다는 완숙을 위해서 경험하고 배우는 것이기 때문이다. 사람의 신체는 일정 기간이 되면 성장을 멈추지만 사람의 내면은 성장을 거듭하며 성숙으로 다가가고자 한다.

장자는 성숙하고자 하는 마음도 삶의 집착이기 때문에 버리라고 말하고 맹자는 끊임없이 노력하고 단련해서 이루어야 하는 어떤 것이라고 말한다. 전혀 다른 말 같지만 성숙이라는 기준이 없다는 점에서는 장자의 말이 옳고, 그럼에도 포기하지 않아야 삶을 지탱할 수 있다는 점에서는 맹자의 말을 따라야 한다는 생각이 든다. 맹자가 말한 성숙을 조급하게 생각하면 장자가 말한 집착으로 향하기 쉬워지기 때문이다.

나에게 성숙이라는 것은 끊임없이 다가가려고 노력하는 마음일 뿐이다. 끝끝내 다가갈 수 없는 것이지만 그럼에도 다가가려고 하는 그 마음 자체가 즐겁고 위안이 되는 일이기도 한 것이다. 배움을 멈추지 않고 성숙을 향해 나아간다면 완숙은 몰라도 반숙은 넘길 수 있지 않을까.

· 9 ·

요리 料理

'요리조리料理調理'는 이치를 헤아려서 조화롭게 만드는 것

내가 매일 하는 것은 요리일까 조리일까. 아이는 매우 간단하게 밥을 차려줄 때도 "우리 엄마는 요리를 잘한다"라고 나를 치켜세워준다. 그럴 때마다 마음속으로 조금 미안하다는 생각이 든다. 요리는 뭔가 더 전문적이고 복잡한 조리과정을 통해서 얻어지는 결과물같이 느껴지기 때문이다. 아이가 좋아하는 유부초밥이나 참치주먹밥을 '요리'라고 말할 수 있을까. 칭찬을 들으면 조금 더 요리다운 요리를 해줘야 하나 마음이 쓰일 때가 있다.

국어사전에는 요리를 여러 조리과정을 거쳐 음식을 만드는 것이고, 주로 가열한 것을 이른다. 중국에서는 우리가 이렇게 흔히 음식과 관련되어 사용하는 '요리'를 일본어라고 규정하고 있다. 요리는 '헤아릴 요料'와 '다스릴 리理'를 써서 '헤아리고 다스린다'는 뜻을 가진다. 한자의

의미와 비슷하게 어떤 대상을 능숙하게 처리하는 것을 이르기도 하는데 주로 속되고 좋지 않은 의미로 사용된다. '어린아이 하나 요리를 못한다'나 '누군가를 제 마음대로 요리하다'라는 것은 타인을 존중하고 배려하는 표현이 아니다.

고전에서는 요리의 한자 의미를 음식을 요리하는 것으로 사용하지 않는다. 『진서』의 한 대목, "환충이 왕희지에게 말했다: 그대가 부중에 있은 것도 오래되었으니 이제는 마땅히 정무를 돌볼 수 있겠지桓謂王曰: 卿在府久, 比當相料理"에서 '요리'는 '돌보다'의 의미다. 정무나 국사를 돌보거나 어떤 일을 안배하거나 처리할 때 쓰인다.

"곤궁할 때 누군가 잘해주기를 바라고 고개 들어 먼 산 보며 홀로 턱이나 받칠 텐데困窮誰要卿料理, 擧頭看山笏拄頰." 북송의 시인 소식이 지은 '재용전운기신로再用前韻寄莘老'에서 '요리'는 남이 나의 어려움을 헤아리고 도움을 준다는 의미를 가진다. 다른 사람이 처한 상황에 공감하고 배려하는 것이 요리인 것이다.

음식을 만드는 일에 대해 왜 이치를 헤아리고, 이치에 꼭 맞도록 해야 한다는 한자가 쓰이게 된 것일까. 여러 가지 맛이 조화를 이룰 수 있도록 해야 요리를 잘한다고 할 수 있기 때문이 아닐까. 요리를 잘하는 사람은 그런 조화를 잘 이룰 수 있는 탁월한 능력을 가진 사람이다. 똑같은 재료에서도 사람에 따라 전혀 다른 맛이 나오기 때문이다. 능력 말고도 먹는 사람을 생각하는 정성스러운 마음이 요리에 영향을 준다.

똑같은 음식인데도 그 안에 조금 튀기거나 삶거나 하는 귀찮은 과정을 추가하면 맛이 훨씬 달라지기도 한다. 요리에 가하는 정성의 정도가 맛의 차이를 만들기도 하는 것이다. 매번 그런 정성과 노력을 들여서 식탁을 차리는 사람은 진심으로 존경할 만하다.

'조리調理'라는 말도 '조절할 조調'에 '다스릴 리理'를 써서 이치에 맞도록 만든다는 뜻이다. 조리調理는 우리말로는 음식을 만들 때 말고도 병에서 회복되도록 보살핀다는 의미도 있다. '요리조리'는 말이나 행동을 뚜렷하게 정하지 않고 망설이는 모양을 가리킬 때 쓴다. 국어사전에는 한자어가 나오지는 않지만, '요리조리 따져본다'라는 말에는 '이치를 헤아리고料理', '조화롭도록調理' 한다는 한자의 뜻이 담겨 있다. 무슨 일에 대해 요리조리 참고하고, 요리조리 둘러보고, 요리조리 따져보는 것은 결국 조화로운 결정을 내리기 위함이기 때문이다.

· 10 ·

평소 平素

바닥이 고른 하얀 바탕

어렸을 때는 '평소'의 의미를 모른다. 똑같이 흘러가는 일상보다 특별함과 새로움이 가득한 하루를 좋아한다. 하지만 보통의 일상이 인생의 더 많은 부분을 차지한다. 평소의 의미를 모르고 흘려보내면 삶의 많은 부분을 잃게 된다. 평소는 다채로운 색깔을 가지지는 않지만 그럼에도 많은 의미가 발견되는 시간이어야 한다. 왜냐하면 그 시간을 어떻게 스스로 규정하느냐에 따라 삶의 전체적인 풍경이 달라질 수 있기 때문이다.

평소는 특별할 것 없는 보통 때를 말한다. 평소는 고르다는 것을 의미하는 '평平'과 '본래의', '희다'는 것을 뜻하는 '소素'가 만나서 이루어진 말이다. '소양素養'은 평소에 닦아놓은 학문이나 지식이고, '소회素懷'는 평소에 품고 있는 뜻이고, '소행素行'은 평소의 행동이다. 평소에 학문과 지식을 닦지 않고 급하게 쌓으려고 하면 쉽게 무너져내린다. 평소에 품고 있는 생각과 행동이 사람을 규정하는 것이지 일회적인 감상이나 느낌은 순식간에 사라져버리고 만다. 그래서 고전에서는 평소를 중시하고, 평소의 생각과 행동을 가다듬어야 한다고 말한다.

『서경書經』에 나오는 구절 "땅이 다스려지고 하늘의 뜻이 이루어져地平天成"에서 '평平'은 다스리다는 뜻을 가진다. "구름이 몰려들어 비가 내리니, 세상이 평화롭다雲行雨施 天下平也"라는 『주역』의 대목에서는 평화를 말한다. 『서경』의 "치우가 처음으로 난을 일으키자 (화가) 평민에게까지 미쳤다蚩尤惟始作亂 延及於平民"라는 구절에서는 '보통'의 의미로 쓰였다.

『관자管子』에는 "흰색은 다섯 색깔의 바탕이다素也者, 五色之質也"라는 말이 나온다. '소素'는 말 그대로 흰색을 말한다. 흰색이 없으면 오색이 아름답게 표현될 수 없는 것이다. 노자는 "본바탕을 그대로 나타내고, 있는 그대로의 나를 지켜, 사사로운 정을 억누르고, 나를 위한 욕심을 적게 해야 한다見素抱樸 少私寡欲"라고 했다. 여기서 '소素'는 단순함이나 소박함이다.

평소라는 말에는 매일매일을 평화롭게 다스려서 삶의 바탕을 이루어야 하는 깊은 의미가 들어 있다. 특별함보다 위대한 것은 보통의 것들이다. 흰색 바탕이 없으면 그림을 그릴 수 없고, 안정된 마음이 없으면 작은 일도 해낼 수 없고, 평범한 백성들이 없으면 역사는 이루어질 수 없다. 평범함이 쌓여야 비범함이 생기는 것이기에 평소를 어떤 마음으로 어떻게 살아가야 하는지에 대해 많은 고민이 필요하다는 생각이 든다.

특별한 이벤트에 집중하는 것보다 평소를 진지하게 대하는 것은 더욱 어려운 일이다. 매번 똑같이 흘러가는 날들에 대해 의미를 부여하고 성실하게 임하는 것은 지루한 일이기 때문이다. 물론 새롭고 다채로운 사건들도 삶을 풍요롭게 해주는 즐거운 경험이 될 수 있다. 하지만 나는 아이가 매번 그런 것들에 마음을 뺏기기보다는 평소의 의미를 알아가는 삶을 살았으면 좋겠다. 평소에 작지만 소소한 노력을 기울였던 것이 언젠가 특별한 의미가 되는 경험을 하게 되면 매일의 삶을 소중하게 생각하지 않을 수 없기 때문이다.

하루하루의 평범한 일상을 소중하게 여기고 다스릴 줄 알면 마음에 부는 작은 바람에 흔들리지 않고 중심을 지키며 삶을 살아갈 수 있다. 그리고 결국에는 자기도 모르게 쌓인 성실했던 평소의 삶이 특별한 힘이 되어줄 것이다.

· 11 ·

역사 歷史

일기는 아이의 역사를 만드는 일

아이는 할아버지와 함께 있을 때마다 사극을 본다. 사극만 수십 번 보시는 할아버지는 아이와 진지하게 역사에 관한 이야기를 주고받는다. 할아버지가 좋아하는 〈대조영〉, 〈왕건〉, 〈태종 이방원〉뿐만 아니라 퓨전사극만 봐도 '역사'라고 소리치며 방방 뛰는 것이다. 그래서 아이에게 역사가 도대체 무슨 뜻이냐고 물으니 '지나간 일'이라고 답한다. 얼마 전 아이가 경복궁에 다녀와서는 '나는 이방원의 자식이 될 바에는 초가집에 살겠다'라고 일기에 써달라고 한 적이 있다. 마침 할아버지와 드라마에서 이방원이 동생들을 죽이겠다고 한 장면을 본 후였다.

역사는 인류 사회의 변천과 흥망의 과정 또는 그 기록을 말한다. 어떤 사물이나 사실이 존재한 연혁을 말하기도 한다. 자연이 흘러가고 변하는 자취도 마찬가지로 역사라고 한다. '역歷'은 '지나다', '겪다'라는 의미를 가진다. '달력歷', '학력學歷', '경력經歷'도 이와 같은 뜻으로 쓰였다. '사史'는 사마천이 지은 『사기史記』를 말하기도 하고, 기록된 문서나 기록하는 사람인 사관을 지칭하기도 한다.

『서경』에 나오는 구절 "3기가 지나자 세대가 변하고 풍속이 바뀌어 既歷三紀, 世變風移"에서는 '세월을 보내다'라는 의미로 쓰였다.

『맹자』에는 "(『춘추』(공자가 엮은 노나라의 역사책)의) 내용은 제나라 환공과 진나라 문공에 관한 일이고, 그것을 기록한 글은 사관의 문체이다其事則齊桓晉文 其文則史"라는 말이 나온다. 여기에서 '사史'는 역사를 말한다. 『논어』에서는 기존의 의미와 다르게 쓰였다. "바탕이 꾸밈을 이기면 촌스럽고, 꾸밈이 바탕을 이기면 텅 빈 듯하다質勝文則野 文勝質則史"에서 '사史'는 속에 든 것이 없이 우쭐한 모습을 의미한다.

아이와 매일 그림일기를 쓴다. 아이가 불러주는 대로 혹은 상의한 내용을 내가 적고, 아이는 그림을 그리거나 스티커를 붙인다. 날짜와 날씨는 본인이 직접 쓰도록 한다. 그림 그리는 부분에는 하트를 그리고 그날 배운 한자를 한 번 쓰도록 한다. 무척이나 수월한 활동이기도 하고 때로는 지나치게 무겁게 느껴지기도 한다. 쓸거리가 있는 날에는 몇 분 걸리지도 않는다. 그런데 바쁜 일이 있거나 쓸 일이 생각나지 않으면 또 쉽지가 않다. 아이는 대개 간식을 먹거나 소파에 누워서 나에게 내용을 불러준다. 아이가 귀찮아할 때는 '이게 너의 역사야'라고 말해준다. 역사라는 말을 좋아하니 그 말이 아이에게 통한다.

때로는 내가 더 귀찮아서 쓰기 싫을 때도 있다. 이것이 나와 아이에게 무슨 의미가 있을까 끊임없이 되묻게 되는 것이다. 그런데 내가 아이에게 줄 수 있는 것이 있다면 바로 이런 것이 아닐까 생각해본다. 흘러가는 아이의 시간을 잠깐이라도 잡아서 기록하는 것, 그것을 아이의 역사로 만들어주는 것. 그 자체가 소중한 것이 아닐까. 또한 아이가 자신이 지나온 삶을 돌아보면서 힘을 내는 날이 오지 않을까 기대해보기도 한다.

선하고 좋은 것은 대개 오랜 시일이 걸린다. 일기 쓰기가 지금 당장 좋은 것이 아니라도 자신의 인생에 가치를 부여할 수 있는 계기가 될 것이라고 믿는다. 역사는 유명한 사건과 유명한 사람들이 만들어나가는 것이 아니라 개개인의 노력의 총합이라고 생각한다. 일기를 통해 아이가 자기의 삶이 역사라는 것, 자신이 누구보다 소중한 사람이라는 것을 잊지 말았으면 좋겠다.

· 12 ·

양갱 羊羹

사소한 배려의 무거운 의미

할머니는 양갱을 참 좋아하셨다. 이제는 아버지도 양갱을 좋아하신다. 양갱을 좋아한다는 것은 나이가 들었음을 인증하는 것만 같다. 그런데 아이를 보면 꼭 그런 것만도 아닌 것 같다. 아이는 할아버지와 꼭 양갱 하나를 나눠 먹는다. 내가 양갱을 보며 우리 할머니를 생각하듯이 내 아이도 양갱을 보면 할아버지 생각이 날 것이다.

양갱은 팥앙금, 우무, 설탕이나 엿으로 쑤어서 굳힌 과자이다. 우리나라에서는 단팥묵이라는 말도 있다. 한자로는 '양 양羊'과 '국물 갱羹'이 만나 양고기 국물을 뜻한다. 중국에서도 당나라 때까지는 양고기 국으로 불리었는데 일본으로 넘어가면서 팥이나 밤을 넣어 '양의 간養肝' 형태로 굳힌 식품이 되었다고 한다. 일본어로 간肝의 발음인 칸かん과 양고기 국물羹을 말하는 한자 칸かん의 소리가 똑같아서 양갱으로 불리게 되었다고 한다.

『시경』의 한 대목 "양념한 국도 바쳐亦有和羹"에서 '화갱和羹'은 다섯 가지 맛이 조화를 이루는 국을 말한다.

『전국책』에는 "과인은 양고기 국물 한 그릇으로 나라를 잃었고, 호리병 속의 밥으로 두 명의 지사를 얻었다吾以一杯羊羹亡國, 以一壺飡得士二人"라는 말이 나온다. 여기에서는 양갱羊羹이 양고기 국물로 쓰였다.

전국시대에 중산군中山君은 신하들에게 양고기 국물을 줄 때 대부 사마자기司馬子期에게는 나눠주지 않았다. 이에 크게 분노한 사마자기가 난을 일으켜서 중산국이 망하게 되었다. 이때 급하게 도망가던 중산군을 뒤따르는 두 명의 병사가 있었다. 이 둘의 아버지들이 굶어 죽게 될 때 중산군이 준 찬밥 덕분에 살았다는 것이다. 그 은혜를 잊지 않은 병사들의 도움을 받은 것이다. 양고기 국물 때문에 나라가 망했다는 '양갱망국羊羹亡國'의 고사는 지금도 큰 깨달음을 준다.

사실 사람들은 서로에게 그렇게 큰 것을 바라지 않을 수도 있다. 자신에게도 어쩔 도리가 없는 것을 타인에게서 얻으려는 것은 욕심이기 때문이다. 그래서 자신이 처한 큰 어려움에 대해 타인이 돕지 않는 것에는 실망감을 잘 느끼지 않는다. 하지만 누구나 받을 수 있는 배려를 받지 못했을 때 생기는 분노는 그 배려만큼 작은 크기의 것이 아니다. 관계가 어려운 것은 어쩌면 작은 것을 받지 못하게 되는 억울함에서 생기는 것일지도 모르겠다.

중산군은 망해서 도망가는 순간에 "남에게 덕을 베풀 때 물건의 많고 적음을 따질 것이 아니다. 가장 곤궁할 때 베풀어야 그 은혜에 감격해하는 것이다. 남과 원한을 맺게 될 때 원한의 깊고 얕음을 따질 것이 아니다. 상대방의 마음을 상하게 하는 것이 가장 큰 원한을 품게 만드는 것이다與不期衆少, 其於當厄. 怨不期深淺, 其於傷心"라고 했다.

사람들과 사이좋게 지내는 방법, 좋은 사람이 되는 방법은 멀리 있는 것이 아니다. 큰 도움보다 작은 배려에 감사하는 것이 사람 대개의 마음이고, 작은 것을 소홀히 대하는 것에서 사람에 대한 마음을 잃게 되는 것이다. 주고받는 것이 클 때보다 작을 때 쉽게 마음이 상한다. 아이가 이러한 배려의 의미를 알았으면 좋겠다. 나중에 큰 도움을 줄 수 있는 사람이 되는 것이 아니라 작은 마음 씀씀이를 아는 사람이 되었으면 한다. 지금 당장 친구에게 한번 양보하고 따뜻한 말을 해주는 것, 그것이 어른이 되어서도 마찬가지로 삶을 살아가는 최고의 지혜이기 때문이다.

· 13 ·

계산 計算

부모와 자식 간의 계산

아이가 계산이라는 말을 듣는 곳은 물건을 살 때뿐이다. 현금으로는 계산할 일이 별로 없다. 카드 한 장으로 값을 치를 수 있으니 말이다. 현금을 낼 때는 물건을 사는 사람이나 파는 사람 모두 계산을 해야 했지만 이제는 서로 계산할 필요가 없다. 아이는 돈이 여유가 있는지 아니면 부족한지 관심이 없다. 카드 한 장만 있으면 무엇이든 살 수 있고, 할 수 있다고 생각하기 때문이다.

계산은 '셈할 계計'와 '셈할 산算'이 만나서 수를 헤아린다는 의미를 가진다. '저녁은 내가 계산할게', '카드로 계산하겠습니다'는 값을 치른다는 뜻이다. 여러 가지 상황을 고려하고 판단하는 것도 마찬가지로 계산한다고 말한다. 특히 이익과 손해를 따지는 사람에게 '계산적인 사람'이라고 하는데, 공적인 상황에서 계산적인 사람은 유능하다고 평가

할 수 있지만 사적인 상황에서 계산적인 사람은 좋은 뜻보다 지나치게 이기적인 사람으로 비치기도 한다.

한자 그대로의 의미를 가진 계산은 『사기』에서 보인다. "이때에 동곽함양과 공근은 대농승이 되어 소금과 쇠의 일을 관장했고, 상홍양은 계산에 밝아 권력을 잡고 시중이 되었다於是以東郭咸陽, 孔僅爲大農丞, 領鹽鐵事. 桑弘羊以計算用事, 侍中"에서 '셈을 한다'는 뜻이 나온다.

『한비자』에 "그러므로 부모가 자식에 대해서도 오히려 계산하는 마음으로 서로 대하는데 하물며 부자와 같은 은택도 없는 데에 있음에랴故父母之於子也, 猶用計算之心以相待也, 而況無父子之澤乎!"라는 말이 나온다. 여기서는 인간관계에서의 계산의 의미로 쓰였다. 군주가 신하에게 부모보다 더 친밀한 것을 요구해서는 안 된다는 것이다. 정치는 상벌이 명확해야 하고, 부귀란 신하의 큰 이득이라는 것이다. 이득이 커야 위험을 무릅쓰고 일을 한다는 것이다.

계산에 밝지 않으면 세상살이가 힘들지만 계산적인 사람은 누구에게도 환영받지 못한다. 누구에게나 이기적인 면이 있고, 많은 것들에 대해 득과 실을 따질 수밖에 없다. 이기적인 것은 인간의 본성이고 그것이 인간을 보호하는 힘이 되어주기도 한다. 하지만 아이를 기르는 부모가 아이에게 계산적인 모습을 보이는 것은 문제가 있다. 자식을 기르는 것은 부모가 결정한 것이지 아이가 애초에 원한 것이 아니기 때문이다. 아이의 마음속에 부모에 대한 사랑과 감사한 마음이 피어나는 것은 자연스러운 일이지만 그것을 부모가 직접 요구하는 것은 스스로 부모라는 숭고한 역할을 포기하는 것이라고 생각한다.

나는 가끔 내가 아이를 위해서 하는 모든 일들이 누구를 위한 것인지 스스로에게 묻는다. 처음에는 아이를 위한 것이라고 여겼던 것들이 지나고 보면 아이뿐만 아니라 나에게도 대단히 큰 도움이 되었다. 때로는 아이와는 상관없이 내가 얻게 된 것이 많아서 놀라움을 느끼기도 한다. 자식에게까지 계산적으로 생각하는 것은 내 삶에 대해 스스로 무가치함을 인정하는 것이다. 나는 아이에게 무엇을 바라기 위해 나의 역할을 하는 것이 아니다. 아이가 조금 더 삶을 제대로 바라볼 수 있고, 어려운 상황도 감당할 수 있는 힘을 가진 인간이 되었으면 하는 간절한 마음으로 나름의 노력을 기울이고 있는 것이다. 아이에게 힘든 일이 생기면 그것은 나에게 몇 배의 파도가 되어 내 마음을 휩쓸어버리곤 한다. 그래서 아이에게 주는 사랑은 무엇을 주고받기 위해서가 아니라 내가 행복하고 안심하기 위해서라는 생각이 든다.

· 14 ·

공부 工夫

오랜 시간과 노력을 들이는 일

아이와 공부에 대한 이야기를 하지 않는 부모는 세상에 없다. 공부 잘하는 아이를 바라지 않는 부모는 별로 없을 것이다. 그런데 한편으로 공부 때문에 고통을 받고 괴로워하는 아이가 많으니 어떻게 접근해야 할지 고민이 생긴다. 공자는 공부를 하는 이유가 많은 것을 알기 위해서가 아니라 알지 못하는 것이 무엇인지 아는 것이라고 했고, 맹자는 잃어버린 마음을 찾기 위해서라고 했다. 순자는 죽을 때까지 배움을 놓지 말아야 한다고 했다.

공부는 '장인 공工'과 '지아비 부夫'가 모여서 만들어진 말이다. 공부는 '학문이나 기술을 배우고 익히는 것'을 뜻하지만 그것은 한자 '배울 학學'과 '익힐 습習'의 의미에 더 가깝다. 중국어로 '공부工夫'는 우리가 생각하는 학습의 의미가 아니다. 공부는 '시간과 노력' 그 자체를 말한다. 장인이 되었다는 것은 그것이 어떤 기술이라도 무척이나 오랜 시간을 들였다는 것을 의미한다. 반짝이는 지혜나 지식, 혹은 재능이 아니라 오랜 세월을 버티고 이어가는 끈기가 있어야 장인이 되는 것이기 때문이다.

『포박자抱朴子』에는 "문학과 예술은 모두 사라졌는데 [나는] 헛되이 그 안에 시간과 노력을 들였던 것이다藝文不貴, 徒消工夫"라는 말이 나온다. 전란 때문에 자신이 시간과 노력을 들여 익혔던 문학과 예술이 모두 사라졌다는 것을 말한다.

배우고 익히는 것의 의미는 우리 고전 『사자소학四字小學』에서도 보인다. "공부에 부지런히 힘쓰면 부모님이 기뻐하신다勤勉工夫, 父母悅之"에서 오늘날 우리가 사용하는 공부에 대한 정의가 나온다. 공부를 열심히 하는 아이를 보고 기쁨을 느끼지 않는 부모는 별로 없다. 그러나 공부의 목적이 곧 부모에게 받는 인정과 사랑이 되어서는 안 된다. 누구도 아닌 자신을 위한 공부를 해야 진정한 의미의 공부이기 때문이다.

공부工夫라는 한자는 학습과 달리 배우는 행위보다 그것을 위한 노력과 시간에 더욱 가까운 의미를 가진다. 그러한 정의로 생각해보면 공부를 잘하는 것은 좋은 성적을 받는 것이 아니라 오랜 시간을 들여서 노력하는 그 자체를 말하는 것이다. 시험을 잘 보기 위해서 하는 공부는 단발성이고, 지속가능하지 않다. 그것이 전부라고 생각하는 사람에게는 큰 위험이 도사리고 있다. 혹여 성적이 낮게 나오거나 시험에 실패하면 쉽게 포기하게 되고 스스로를 부정하게 된다. 성적이나 시험은 삶의 한 관문이고 나름의 의미가 있다. 하지만 삶을 관통하는 하나의 큰 축은 배움을 게을리하지 않고 지속하는 것이다.

나는 아이의 공부에 대해 대단히 진지하게 생각하는 부모다. 그것이 무척이나 중요하기 때문에 오히려 성적이나 시험이 전부라고 생각할 수가 없는 것이다. 배우기 위해 노력하는 시간, 그 자체가 아이와 나에게 무척이나 귀하고 소중하다. 아이는 아직 어리지만 스스로 잘하지 못한다고 생각하면 벌써부터 걱정하는 모습을 보인다. 그럴 때 나는 못하는 것은 전혀 문제가 되지 않는다고 말해준다. 지속할 수 있는 마음만 가지면 그것이 곧 충분히 잘하고 있는 것이기 때문이다.

얼마 전에 아이가 그림을 못 그린다고 걱정하는 친구에게 '뭐든지 하기만 하면 잘하는 거야'라고 조언을 해주었다고 한다. 그런 용기를 가져야 멈추지 않고 시간을 들여 공부의 진짜 의미에 닿을 수 있을 것이다.

· 15 ·

난리 亂離

가볍게 쓰이기에는 지나치게 무거운 의미

아이에게 "친구랑 재미있게 놀았어?"라고 물을 때 "응, 이것도 하고 저것도 하고 난리 났었어"라고 대답할 때가 있다. 이런저런 놀이를 끊이지 않고 즐겁게 해서 정신이 없을 정도로 만족스러웠다는 것이다. 아이에게 난리는 나쁜 뜻이 아니라 좋은 뜻이다. 무료함과 대비되는 재미나 즐거움을 가리킬 때 쓰는 말이기 때문이다.

난리는 '어지러울 난亂'과 '떠날 리離'가 만나서 만들어진 말이다. 산불이나 지진 같은 재난에 의해 떠나는 것은 '피난避難'이고, 전쟁 때문에 고향을 떠나는 것은 '피란避亂'이다. 난리는 전란이나 큰 소요 때문에 떠나는 것이기 때문에 피란과 의미가 더 가깝다. 생활 속에서는 작은 소동을 비유적으로 표현할 때 자주 쓰인다. "왜 이렇게 떠들고 난리냐"는 '소란스럽다'는 것을 말한다. 관용어로는 "난리 블루스를 추다"라는 말이 있다. 방정맞고 품위 없는 행동을 가리킬 때 사용한다. "난리를 쳤다"는 악을 쓰고 울거나 화를 내는 모습을 말하기도 한다.

『손자병법』에는 "깃발이 바람에 어지럽게 휘날리고 서로 뒤엉켜 싸우는 전투가 혼란스러워도 [적군과 아군이] 뒤섞여서는 안 된다紛紛紜紜, 鬪亂而不可亂也"라는 말이 나온다. 여기에서 난은 혼란스럽다는 것을 뜻한다. 『시경』「무일無逸」의 한 구절, "함부로 죄 없는 자를 벌하기도 하고, 무고한 자를 죽이기도 할 것이다亂罰無罪, 殺無辜"에서는 '함부로', '마구'라는 의미로 쓰였다. 『논어』 중 "용감하면서 예가 없으면 문란해지고勇而無禮則亂"에서는 '문란'이나 '혼란'을 의미한다.

『시경』의 또 다른 시구에서는 전란의 피해 때문에 떠난다는 한자 그대로의 의미로 쓰였다. "난리와 근심으로 병이 깊으니 어디로 돌아갈 거나亂離瘼矣, 爰其適歸"에서 전쟁 상황을 묘사하고 있다.

전란을 겪게 되면 백성들은 집 잃은 개처럼 고통을 겪는다. 전쟁만큼 삶을 피폐하게 만드는 것도 없다. 삶의 터전을 떠나면서 인간성을 유지하기란 불가능하다. 특히 농업이 주가 되는 사회에서 땅을 버리고 떠나는 것은 생명을 포기하는 것과 다름없다. '난리 났다'는 것은 다채롭고 재미있는 것이 아니라 일상도 보장받지 못하는 밑바닥의 생활을 감내해야 한다는 것이다. 왜 '난리 났다'는 것이 일상적인 용어가 되었을까. 전쟁의 위협에서 벗어난 적 없는 역사 때문이 아닐까. 전쟁이 일상화되어 전쟁이 끝나지 않았다는 것조차 불확실하다고 여겼던 것은 아닐까. 지금과 같은 안정적이고 부유한 역사는 그 유래가 없기 때문이다.

일상에서 사용하는 한자를 다시 확인하면서 가볍게 쓰이는 말들의 무거움 혹은 무서움을 알게 된다. 전쟁이 나서 피란하는 것은 우리 할머니 세대가 모두 겪어본 일이다. 상황이 마무리되고 나서도 아버지와 고모들은 매일 밤 전쟁이 나면 가족이 어디에서 만날지 약속을 정했다고 한다. 가족과 생사도 모른 채 떨어져 살게 되는 공포보다 더한 것은 없기 때문이다. 그래서 '난리'라는 단어가 재미있는 상황을 표현하는 일상어가 되었다는 것이 어색하게 느껴진다. 아이가 '난리'와 '피난'의 역사에 관심을 가지고, 그것이 자신과 그렇게 동떨어진 문제가 아니라는 것을 알았으면 좋겠다. 난리에 대한 진지하고 무거운 마음이 있어야 한다고 생각한다. 난리는 우습고 가볍게 쓰이기에는 비참하고 슬픈 단어다.

· 16 ·

음식 飮食

맛을 자세하게 아는 것에 대해

어렸을 때는 음식의 의미를 잘 몰랐다. 이제야 사람이 사는 것의 대부분이 음식을 먹는 것으로 이루어져 있다는 것을 알게 되었다. 매일 무엇을 먹을지 고민하고 또 고민하는 것이다. 누군가를 만나도 마찬가지다. 함께 무엇을 먹을지, 어디에서 먹을지 정하는 데 설왕설래가 기본이다. 어른이 되면 먹고 마시는 것의 욕구를 넘어서는 대단한 일이 있을 줄 알았다. 그런데 삶의 만족감이나 사람과의 관계에서 음식은 여전히 큰 의미를 갖는다.

음식은 '마실 음飮'과 '밥 식食'이 만나 이루어진 한자다. 음식은 밥이나 국 따위의 먹을 수 있는 물건을 가리킨다. 음식의 전후를 바꿔서 '식음을 전폐하다'라고 할 때는 먹고 마신다는 행위 그 자체를 말한다.

'먹고 마신다'는 의미는 『시경』의 시구절에서 보인다. '작은 새'라는 시에서 "마실 것 주고 먹여주며 가르쳐주고 깨우쳐주며飮之食之, 敎之誨之"라고 한다. 이 시는 수레에 타지 못하고 행역을 하는 군졸의 마음이 담겨 있다. 높은 자리에 있는 사람이 어진 마음을 품지 않고 미천한 사람들을 망각해서 마실 것과 먹을 것을 주지도, 가르치지도 않고, 수레에 태워주지 않는다는 것에 대한 안타까움과 설움이 담겨 있다.

맹자는 "음식을 밝히는 사람을 사람들이 비천하게 여기는 까닭은 사소한 욕망을 채우기 위해 큰 마음을 잃어버리기 때문이다飮食之人, 則人賤之矣, 爲其養小以失大也"라고 했다. 음식을 절제할 줄 알아야 더 큰 욕망에 대해서도 중용을 지킬 줄 안다는 것이다.

아이는 유치원에 가기 전에 점심 반찬이 무엇인지 꼭 읽어달라고 한다. 유치원에 가면 제일 좋은 것이 뭐냐고 물으니 '점심을 먹는 것'이라고 대답한다. 친구들과 놀거나 선생님과 활동을 하는 재미보다 음식을 먹는 것이 더욱 큰 즐거움을 준다는 것이다. 눈을 뜨면 아침밥이 뭔지, 저녁에는 뭘 먹을지 꼭 묻는다. 자기가 좋아하는 것이 있으면 바로 기뻐하지만 좋아하지 않는 것이 있으면 메뉴를 바꾸려고 한다. 아이가 더 어릴 때는 먹기만 하면 감사하다는 마음 때문에 최대한 아이가 원하는 대로 해주려고 노력했었다.

『근사록』에는 아이가 "국에 간을 맞추는 것"도 하지 못하게 해야 한다는 말이 있다. '맛에 자세하게詳於味' 되는 것이 아이에게 좋지 않은 영향을 주기 때문이라는 것이다. 미세하게 자기 입맛에 맞도록 습관을 들이면 끊임없이 자신의 욕구를 추구하게 된다고 보았다. 비록 사소한 욕심이라고 해도 자라면 눈덩이처럼 불어날 것이라 우려했다. 물론 내가 만든 음식이 먹을 수 없을 정도라면 이해할 것이다. 다만 반찬에 대해 일일이 타박하지 않아야 한다는 것이 아이에게 가르쳐야 하는 미덕이다. 아이는 음식재료를 마트에서 사서 쉽게 조리하는 것인 줄 알지만 사실 거기까지도 수많은 사람들의 땀과 노력이 들어 있다. 그것을 조리하는 엄마에 대해서도 감사하는 마음을 가져야 한다고 생각한다. 나의 노력을 알아주길 원하는 것만은 아니다. 자기 욕심에 빠져서 다른 것을 돌아볼 줄 모르는 사람이 되어서는 안 되기 때문에 강조할 수밖에 없다.

· 17 ·

토기 土器

인성人性은 고정된 그릇이 아니다

아이가 된소리를 읽을 때 '토기'와 '토끼'를 구분한 적이 있다. 그때 빗살무늬 토기에 대해 자연스럽게 설명하게 되었다. 사진을 찾아서 아이에게 보여주고 이게 왜 뻬죽한 모양인지, 또 곡식을 키우기 시작한 것의 의미를 알려주었다. 제대로 가르쳐주었는지는 모르겠다. 다만 어린 시절 교실의 분위기가 떠올랐다. 아이를 기르면서 다시 한번 어린 시절을 사는 기분을 느끼곤 한다. 그때는 의미를 모르고 지나갔지만 아이와 이야기를 나누면서 비로소 의미들을 하나하나 곱씹어보게 된다.

토기는 '흙 토土'와 '그릇 기器'가 만나 진흙으로 만들어 구운 그릇을 가리킨다. '그릇 기器'는 물건을 담는 용기容器를 말하기도 하고, 도구를 가리키는 기구器具, 악기樂器에도 쓰인다. 그릇은 말 그대로 물건을 담는 그릇을 의미하기도 하고, 사람의 도량을 말하기도 한다. 사람의 그릇이

작고 크다는 것은 도량이 크고 작은 것을 말한다.

『한비자』에 "무릇 얼음과 숯은 같은 그릇에 오래 있지 못한다夫冰炭不同器而久"라는 말이 나온다. 추위와 더위가 함께 할 수 없는 것처럼 서로 반대되는 것은 함께 할 수 없다는 것이다. 여기에서는 그릇이라는 의미가 있다. 『노자』에 나오는 성어 "대기만성大器晩成"에서 그릇은 인재를 말한다. 탁월한 능력을 가진 인재는 오랜 시간이 걸려야 만들어진다는 것이다.

『논어』에서는 그릇이 두 가지 의미로 등장한다. 「팔일八佾」의 한 대목 "관중의 그릇은 작았구나管仲之器小哉"에서는 사람의 도량을 말한다. 공자는 관중의 명재상임에도 불구하고 사치했다는 점에서 낮은 평가를 했다. 「위정爲政」에서는 "군자는 그릇이 아니다君子不器"라는 말이 나온다. 여기에서 그릇은 실제적이고 구체적이고 고정적인 형상을 말한다. 공자는 무릇 군자란 고정적인 틀에서 벗어나 유연하게 행동할 줄 알아야 한다는 것을 강조하고 있다.

'군자는 그릇이 아니다'라는 것은 군자에게는 외재적인 형식이나 예속에 구애받지 않고 온전히 지킬 수 있는 무형의 것이 필요하다는 뜻이다. '도道', '인仁', '예禮'와 같은 것들은 비록 쓸모없이 보일지언정 어떤 상황에도 사라지지 않는 가치를 가진다는 것이다. 그것은 변하지 않는 소중한 가치이면서도 모든 상황에서 유연하게 대처할 수 있는 힘을 준다. 그런 의미에서 인성만큼 삶의 전반에 영향을 주는 것은 없다.

유용해 보이는 세속적인 가치는 상황에 따라 끊임없이 변한다. 그래서 교육이 그 뒤꿈치를 끊임없이 따라가는 것은 교육 자체의 힘을 부정하는 일이다. 교육이 길러내어야 하는 사람과 사회가 원하는 사람은 달라야 한다. 사회는 빨리 써먹을 수 있는 쓸모 있는 인재를 원한다. 교육은 수시로 달라지는 사회에서 중심을 지켜낼 수 있는 사람을 키우는데 그 목적이 있다. 사람은 교육을 통해서 세속적인 가치와 거리를 두고 인간다움을 배워야 한다. 시류에 편승하는 것만으로 삶을 채우면 사람이 기본적으로 가져야 하는 품성을 배워나갈 수 없다. 교육은 아이에게 사회에서 원하는 가치를 주입하는 것이 아니라 스스로 좋은 인간이 되는 방법을 찾도록 돕는 일이라고 생각한다. 누구에게나 무엇이든 담을 수 있는 무형의 그릇이 필요하다. 한 명의 학부모로서 아이가 인성을 중시하는 교육을 받길 희망한다.

· 18 ·

재미 滋味

재미없는 것의 재미

한 아이의 엄마가 된 후, 재미있는 것이 무엇인지 끊임없이 고민하고 있다. 아이에게 재미있는 것을 제공해주어서 흥미를 유발하고 즐거움을 주어야 한다는 의무 같은 것이 있었다. 아이가 재미있다고 말하면 나도 덩달아 기쁘고, 심심하다고 말하면 어떤 재밋거리를 찾아주어야 할까 고심하곤 했다. 여전히 재미있는 것은 중요하다. 그러나 세상 만물을 모두 재미로 접근해야 할 필요는 없다고 생각한다. 이제 아이도 재미에 대해서 조금 다른 생각을 가져야 할 만큼 컸다.

우리말의 '재미'라는 말은 본래 맛을 뜻하는 한자 '자미滋味'라는 말에서 왔다고 한다. 재미있다는 의미가 본래 '맛이 있다'에서 시작되었다는 것이다. 미각을 기쁘게 하는 것이 삶에서 가장 큰 재미라는 뜻으로 생각할 수도 있다. 그것이 훗날 '아기자기한 즐거운 기분이나 느낌'

을 나타내는 용어가 된 것이다. 재미는 또한 좋은 성과나 보람을 이르기도 한다.

『관자』에는 "음식의 맛을 보고 숨을 쉬는 것은 생명을 기르는 것이고, 좋아하고 싫어하고 기뻐하고 노여워하고 슬퍼하고 즐거워하는 것은 삶의 변화이다滋味動靜, 生之養也. 好惡喜怒哀樂, 生之變也"라는 말이 나온다. 여기에서 '자미'는 음식을 맛보는 것을 말한다.

『여씨춘추呂氏春秋』에서는 "입의 정서는 좋은 맛을 느끼고자 하는 욕망이 있으나, 마음이 즐겁지 않으면 오미의 훌륭함이 앞에 있다 하더라도 이를 먹지 않는다口之情欲滋味, 心弗樂, 五味在前弗食"라고 한다. '좋은 맛'을 느끼고자 하는 것은 사람이 기본적으로 가지고 있는 욕구라는 것이다.

재미가 음식의 맛이 아니라 지금의 의미로 쓰인 것은 당나라 유지기의 『사통史通』에서 보인다. 유지기는 『춘추좌전』에 대해 "나라의 흥성을 서술할 때는 재미가 한량없었고, 나라가 망하는 사실을 진술할 때는 불쌍하리만큼 처량했다敘興邦則滋味無量, 陳亡國則淒涼可憫"고 평가했다. 여기에서 재미는 읽는 이의 흥미를 끈다는 것을 말한다.

아이가 학습을 해야 하는 때가 다가오니 재미와 흥미라는 말이 넘쳐난다. 독서를 해도 재미있어야 하고, 공부를 해도 재미있어야 한다고 강조한다. 그래서 진지하게 배울 수 있는 주제에 대해서도 만화를 넣고 우스꽝스러운 이야기를 담는 어린이 책이 많다. 그 이유는 아이가 어떤 과목에 대해 재미를 놓치면 안 되기 때문이라는 것이다. 물론 아이가 평생 공부에 대해 재미를 느낀다면 그보다 더 바랄 것은 없다. 그러나 나는 애초에 공부가 왜 재미있어야 하는지에 대해 의아한 생각이 든다. 언제까지나 재미와 공부를 동시에 가져갈 수는 없다. 재미만 따라가다 재미없는 진짜 공부를 하게 될 때 그것을 감당하기 어려울 것이다.

나는 재미가 시작이 아니라 과정이고 끝이라고 시작한다. 가끔 아이는 내가 읽어주는 책에 대해 '재미없다'라고 핀잔을 주기도 한다. 그럴 때 나는 '재미없는 것의 재미'도 알아야 한다고 말해준다. 아이가 처음에는 힘들어했지만 그것을 읽어나가는 과정 속에서 재미를 찾고 마음을 바꾸는 모습도 보았다. 만약 내가 재미라는 말 앞에서 굴복했더라면 아이에게 새로운 것을 접하게 할 때마다 언제나 주저했을 것이다. 사람이 즐거움을 느끼는 방법이 반드시 미각을 통해서만 있는 게 아니듯이 인내를 통해 얻어낸 것도 또 다른 의미의 재미다.

· 19 ·

복수 復讎

나쁜 것을 좋은 것으로 되갚는 복수

아이의 복수 대상은 대부분 아빠다. 아빠에게 복수를 하는 이유는 무서운 이야기를 했거나 장난을 쳐서 괴롭혔다는 것이다. 복수에도 좋은 점이 있다. 그것을 상대가 알아채지 못하더라도 복수를 했다고 생각하면 마음에 남는 것이 없다. 그러나 진심을 다해서 하는 복수는 대개 남에게 해를 입히기보다는 자신을 해친다.

복수는 '되갚을 복復'과 '원수 수讎'가 만나 이루어진 말이다. 사전에서는 '원수를 갚음'이라고 정의한다. 우리말로는 '앙갚음'이나 '대갚음'이라고도 한다. 섶에 누워 쓸개를 맛본다는 와신상담臥薪嘗膽이 복수에 관한 대표적인 고사다. '군자의 복수는 10년이 걸려도 늦지 않다君子報讎, 十年不晩'라는 중국의 속담은 복수에 대한 긍정적인 문화를 보여주기도 한다. 지금도 여전히 유효한 말인지에 대해서는 생각해볼 거리가 있다.

『주역』의 복괘復卦는 회복을 의미한다. "멀리 가지 않고 회복하는 것이니, 후회에 이르지 않아서, 크게 길하다不遠復, 無祇悔, 元吉"에서 잘못에 대해 주저하지 않고 개선하려는 의지를 가지는 것은 길하다고 말한다.

『시경』의 「대아大雅」 '억抑'이라는 시에는 "어떤 말에든 대답함이 없지 아니하고, 어떤 덕에든 보답하지 않음이 없지 않다無言不讎, 無德不報"라는 구절이 있다. 여기에서는 '수讎'가 앙갚음이 아니라 대답을 말한다. 어떤 말에도 그에 합당한 대답이 있고, 어떤 은혜에도 그에 상응하는 보답이 있다는 뜻이다.

『동주열국지東周列國志』에는 "또 정나라로 사람을 보내 정백의 순난 사실을 세자 굴돌에게 알려 목숨 걸고 복수의 군대를 일으키라고 했다又遣人到鄭國, 將鄭伯死難之事, 報知世子掘突, 教他起兵復讎"라는 말이 나온다. 여기에서는 지금 사용하는 복수의 의미로 쓰였다.

『사기』의 「자객열전」에는 진晉나라 예양豫讓의 복수 이야기가 나온다. 예양은 본래 범씨范氏와 중항씨中行氏를 섬겼지만 제대로 기용되지 못했다. 지백智伯이 범씨와 중항씨의 자리를 차지한 후 예양을 높이 평가해서 남다르게 아꼈다. 그러나 지백은 훗날 다시 조양자趙襄子를 치다가 실패해 되레 자신과 함께 후손까지 모두 죽임을 당했다. 심지어 지백에 대한 원한이 깊은 조양자는 지백의 두개골에 옻칠을 해서 큰 술잔으로 쓰기까지 했다. 예양은 "선비는 자기를 알아주는 사람을 위해 죽는다士爲知己者死"라며 몸에 옻칠을 하고 문둥이로 꾸미고 숯가루를 먹어 목소리마저 바꾸었다. 하지만 끝내 뜻을 이루지 못한다. 조양자는 그 의로움을 높이 사서 자기의 옷을 내려준다. 예양은 옷을 세 번 찌르고 나서야 복수를 그만둔다.

예양의 복수처럼 마음속을 온통 타인으로 채우는 것은 위험한 일이다. 마음과 행동이 모두 타인에게 달려 있게 하는 것은 자신을 부정하는 일이기 때문이다. 그러나 생활 속에서 작은 대갚음은 『주역』에서 말하는 회복의 의미를 가질 수 있다. 복수는 마음속의 부정적인 마음을 털어내고 회복할 수 있는 좋은 기회가 될 수 있는 것이다. 그것을 『시경』에서 말하는 대답이나 대응으로 여겨도 건강한 의미가 될 수 있다. 그럼에도 그것보다 한 차원 더 높은 복수는 나쁜 것을 나쁜 것으로 되갚지 않고 좋은 것으로 되갚는 일이다. 그것보다 더 통쾌한 복수는 없다. 왜냐하면 또 다른 복수를 낳지도 않고 스스로 좋은 사람으로 느낄 수 있기 때문이다.

· 20 ·

사진 寫眞

사진과 진실과의 거리

아이가 태어나면서 나의 사진첩은 아이의 사진첩으로 바뀌었다. 용량이 모자라서 주기적으로 정리하지 않으면 계속 찍을 수도 없을 정도다. 아이의 행동이나 말을 놓치고 싶지 않아서 언제고 사진 찍을 준비를 한다. 유치원에서도 마찬가지다. 매주 아이의 활동사진들이 올라온다. 그것을 보며 또 내가 보지 못했던 아이의 시간들을 가늠해본다. 그런데 문제는 너무 많이 찍어서 오히려 소중하게 느껴지지 않는다는 것이다. 태어난 지 5년이 더 넘었을 뿐인데 다 찾아서 보려면 몇 시간도 모자라다.

사진은 베끼고, 본뜨고, 묘사하다는 뜻을 가지고 있는 '사寫'와 '참 진眞'이 만나 이루어진 말이다. 한자의 의미로는 진짜처럼 베끼고 묘사하는 것이지만 지금은 물체의 형상을 감광막 위에 나타나도록 찍어 오랫동안 보존할 수 있게 만든 영상이라는 정의를 가진다. 사전에는 물체를 있는 모양 그대로 그려낸 것이라는 뜻도 있지만 보통 그렇게 쓰이지 않는다.

『안씨가훈』에 "원제의 아들인 무열태자도 인물화를 그리는 데 특히 뛰어났다武烈太子偏能寫眞"라는 말이 나온다. 여기에서 사진은 인물화를 가리킨다. 두보가 쓴 시 '단청인증조장군패丹青引贈曹將軍霸'에는 "장군의 그림은 정교하고 아름다워 대체로 신명의 도움이 있는데, 어쩌다 진정한 선비를 만나면 기꺼이 초상화를 그렸다將軍畫善蓋有神, 必逢佳士亦寫眞"라는 구절이 있다. 여기에서도 사진은 사람의 얼굴을 비슷하게 그린 그림을 말한다.

『문심조룡文心雕龍』을 쓴 유협은 "그러므로 감정을 표현하기 위해 창작된 작품들은 언어가 간결하며 진지한 감정을 묘사하지만, 창작을 위해 감정을 조작한 작품들은 화려하며 내용이 난잡하고 과장되어 있다故爲情者要約而寫眞, 爲文者淫麗而煩濫"라고 했다. 여기에서 사진은 꾸밈없이 진실하게 감정을 묘사하는 것이다. 진정성이 없이 문장의 화려함만 추구하는 글쓰기를 비판한 대목이다.

얼마 전 어떤 사진가가 빛이 들어와 한쪽 끝에 붉은 빛이 도는 사진을 높게 평가하는 것을 본 적이 있다. 진실된 모습이 아니라 꾸미고 또 꾸며서 정제된 것이 되어버린 요즘의 사진에 대한 비판이었다. 사진은 '진실과 가깝게 모사한다'는 한자의 뜻처럼 진실과 가까워지도록 하는 것이 아니라 진실과의 거리에서 점점 더 멀어지게 하는 것 같다. 실제로 어떤 마음으로 사는지보다 어떤 모습으로 사는지에만 관심을 가지도록 하기 때문이다. 내면이 아니라 외면으로만 평가받도록 하는 것이다. 사람들은 진짜 마음이 아니라 멋들어지게 찍어낸 사진 안에서 행복을 본다. 누가 더 행복한지 비교할 수 있는 방법이 사진이 되어버렸다.

하지만 어쩌면 더 화려한 사진 안에 더 큰 슬픔이 있을 수도 있고, 더 소박한 사진 안에 평온하고 행복한 마음이 자리할 수도 있다. 『문심조룡』에서 말하는 것처럼 진실함 없이 화려하게 꾸며낸 글이 좋은 글이 아닌 것처럼 잘 다듬기만 한 사진들은 본래 삶을 가까이에서 담는 사진의 취지와 어긋난다. 물론 사진은 예술이기에 다양한 정의를 내릴 수 있다. 하지만 누구에게나 사진기가 손에 들려 있고, 그것으로 많은 것들을 나누는 시대에 사진은 예술이기 이전에 삶의 곳곳에서 강력한 힘을 발휘한다. 사진은 진실이 아니다. 그것이 삶의 전부가 아니라는 것을 이해해야 그것에만 마음을 뺏기지 않을 것이다.

· 21 ·

독서 讀書

비판적 독서는 글을 제대로 이해한 후에나 가능하다

나는 어른이 되어서 괴로운 시기가 찾아왔을 때 독서에 관심을 갖게 되었다. 마음이 즐거울 때는 책의 필요성을 잘 모른다. 마음이 힘들어지고 기댈 곳이 없을 때 비로소 책에서 간절하게 구하게 된다. 그런 의미에서 아이에게 책은 그렇게 간절한 대상이 아닌 것 같다. 밤마다 책을 읽어달라고 하는 이유는 깨어 있는 시간을 유예시키기 위해서다. 아이에게는 기댈 곳이 없는 암울한 상황이 없다. 세상이 매일매일 즐겁고 놀 것이 많은데 굳이 책을 찾을 이유가 없는 것이다.

독서는 '읽을 독讀'과 '책 서書'가 만나서 이루어진 말이다. 이 뜻에 대해서는 오해가 없다. 그리고 아이를 키우고 양육서나 교육서를 접하면서 독서라는 단어를 평생 들었던 것보다 더 많이 들어본 것 같다. 아이에게 무슨 책을 읽힐까. 어떻게 하면 책의 바다에 빠뜨릴 수 있을까.

책을 효과적으로 읽는 방법은 무엇일까. 독후활동을 언제부터 시키면 좋을까 등등.

『논어』에는 자로가 자고를 비읍의 읍재로 삼으려 하자 공자가 반대하는 이야기가 나온다. 이에 제자 자로가 "백성들이 있고 사직도 있는데, 어찌하여 꼭 책을 읽은 뒤라야 배우는 것이라고 하겠습니까有民人焉, 有社稷焉, 何必讀書, 然後爲學?"라고 말대꾸했다. 여기에서 책은 사서四書를 말한다. 모든 조건이 갖추어져서 그 자리에 앉기만 하면 되는데 왜 사서를 읽어야 하냐는 것이다. 공자는 이에 대해 "이 때문에 말재주가 있는 사람을 [내가] 미워하는 것이다是故惡夫佞者"라고 대답했다.

맹자는 더 명확하게 독서에 대한 생각을 밝혔다. "옛사람이 지은 시를 외우고 옛사람이 지은 책을 읽으면서도 옛사람에 대해서 알지 못한다면 되겠는가頌其時, 讀其書, 不知其人, 可乎?" 독서는 위로 올라가 옛사람을 벗으로 삼는 일이라는 것이다.

책을 읽고 자기의 생각이나 느낌을 말해보도록 하는 것은 아이가 가장 싫어하는 활동이다. '재미있다' 말고 어떤 이야기를 해야 할지 도무지 모르겠다는 표정이다. 그런데 아이가 주인공이 마음에 들지 않는다고 호되게 비판할 때가 있다. 대개 '누구누구가 싫다', '못됐다' 정도의 표현을 한다. 글에서 의도한 것, 교훈 같은 것에는 관심이 없다. 하지만 자기가 유치원에서 배운 정도의 상식과 어긋나거나 잘못된 말이나 행동을 보면 거침없이 자기 생각을 늘어놓는 것이다. 아이를 보고 사람은 어디에서나 배울 점보다 흠을 잡는 것을 더 좋아한다는 것을 다시금 확인하게 되었다.

주희는 글을 읽을 때 비판적으로 읽기보다는 우선 읽고 또 읽어서 글쓴이의 마음이 곧 자신의 마음이 될 정도가 되어야 한다고 했다. 글에 담긴 뜻도 제대로 파악하지 못하면서 막무가내로 비판할 거리를 찾는 것을 경계하는 것이다. 공자나 맹자처럼 옛글을 우선 겸손한 마음으로 대하고 그것에서 도움 거리를 찾는 것이 잘못된 부분을 찾아내는 것보다 우선해야 한다는 것이다.

그런 의미에서 아이에게 책을 읽힐 때도 먼저 글에서 말하고자 하는 바를 분명히 이해하도록 돕는 것이 먼저라는 생각이 든다. 글을 제대로 이해한 후에야 비판적 생각도 가질 수 있다. 독서의 기본은 자신의 생각이 아니라 글쓴이의 생각을 정확하게 파악하는 일이다. 오랜 훈련을 통해 기본을 쌓아야 비로소 글에 대한 자기만의 평가가 가능해지는 것이다.

· 22 ·

습관 習慣

정확한 표현과 뜻을 알고자 하는 습관

'이러다 습관 된다'라는 말은 좋지 않은 행동이나 말을 고치라고 할 때 내가 아이에게 자주 쓰는 말이다. 이미 습관이 들었다는 것은 또한 앞으로 고칠 여유를 주겠다는 의미다. 습관을 단번에 바꿀 수 있는 사람은 없기 때문이다. 한때 아이가 '대박'이라는 말을 쓰기 시작했다. 좋아도 대박, 놀라도 대박, 어떤 상황에서도 이 말을 쓰는 것이다. 그래서 대박을 쓰는 습관을 없애고 그때그때 어울리는 표현을 써야 한다고 알려주었다.

습관은 '익숙할 습習'과 '익숙할 관慣'이 만나 익숙해진다는 뜻을 가진다. 익숙해지기 위해서는 어떤 행위를 오랫동안 되풀이하는 과정이 필요하다. 그것이 굳어져서 저절로 반복하게 되는 것을 습관이라고 한다. 습習에는 배운다는 뜻도 있다. 배워서 익히는 학습學習, 되풀이하여 익히는 연습練習, 미리 익히는 예습豫習, 다시 익히는 복습復習이 있다. 관慣에는 버릇의 의미가 더 강하다.

『논어』에는 "본성은 서로 비슷하지만, 습성은 서로 멀어지게 된다性相近也, 習相遠也"라는 말이 있다. 이와 비슷한 말은 『안자춘추晏子春秋』에서도 보인다. 안자는 "습속이 본성을 바꾼다習俗異性"라고 했다. 습성은 본성에서 멀어진다. 좋지 않은 본성을 가지고 있더라고 습관을 통해서 그것을 바꿔나갈 수 있다는 것이다. 『여씨춘추』에는 "지극한 성인은 습속과 풍속을 변화시키면서도 아무도 그것이 경유하여 오는 곳을 아는 사람이 없고至聖變習移俗, 而莫知其所從"라는 구절이 있다. 남을 변화시키기 위한 인위적인 압력조차 자연스럽게 보여지도록 하는 것이 성인의 모습이라는 것이다. 여기에서 '습習'은 모두 습관을 말한다.

『춘추좌전』에서 "사냥을 예로 들자면 활을 쏘면서 수레를 모는 데 익숙하면 짐승을 잡을 수 있지만譬如田獵, 射禦貫, 則能獲禽"이라는 대목에서 '관貫'은 습관의 의미로서 지금의 '관慣'과 같다.

아이에게 강조하는 습관은 대개 내가 어려서부터 제대로 가지지 못한 것들이 대부분이다. 나는 매우 기본적인 사물의 이름도 제대로 익히려는 습관을 가지지 않았던 것 같다. 그래서 글뿐만 아니라 말도 간결하지 못하고 중언부언하는 습관이 있었다. 또 어떤 용어든 시험 때문에 외워본 적은 있지만 진지하게 궁금해한 적은 없는 것 같다. 정확한 단어로 사물이나 상황을 표현하는 것의 중요성을 몰랐기 때문이다.

아이에게 주고 싶은 소중한 습관은 표현과 뜻을 궁금해하는 자세다. 아이의 언어세계가 넓어지는 것은 삶을 확장하는 일이기 때문이다. 걸을 수 있는 길이 넓어지고 볼 수 있는 것들이 많아지는 것과 같다. 감정을 표현할 수 있는 단어를 많이 알아야 자신의 감정을 제대로 이해할 수 있다. 사람의 성격을 자세하게 표현할 줄 알면 사람에 대한 이해도 깊어지기 마련이다. 그것은 무척이나 사소한 일이지만 평소에 쌓아가지 않으면 얻기 어려운 일이기도 하다. 하지만 또 평소에 할 수 있다는 점에서 무척 쉬운 일이기도 하다.

· 23 ·

조심 操心

마음을 잡다

아이에게 조심하라는 말을 하루에 몇 번 하는지 모르겠다. 내가 조심하라고 하면 아이가 진짜 조심할까. 아니면 조심하지 말라고 한다고 해서 또 자신을 위험에 노출시킬까. 너무 자주 하는 말에는 무게가 사라지기 마련이다. 아이는 내가 하는 말에 이미 익숙해서 듣지 않는 것이 분명하다. 듣지만 않으면 다행이다. 조심이라는 말이 무척 지겨울 것이다. 그것을 알고 있으면서도 조심하라는 말을 놓을 수가 없다.

조심은 '잡을 조操'와 '마음 심心'이 만나 마음을 잡는다는 의미다. 잘못이나 실수가 없도록 말이나 행동에 마음을 쓰는 것을 이른다. '돌다리도 두들겨 보고 건너라'는 것은 아는 것에도 주의를 기울여 조심하라는 말이다. 말조심에 관한 속담은 더 많다. '발 없는 말이 천리 간다', '밤말은 쥐가 듣고, 낮말은 새가 듣는다'는 속담은 더이상 설명이 필요 없다. 행동만큼이나 말을 조심해야 한다는 것이다.

한비자는 현명한 군자가 통제할 수 있는 근거는 덕뿐만 아니라 "살생의 권력을 장악하는 것操殺生之柄"이라고 했다. 여기에서 '조操'는 잡다, 장악한다는 의미다. 『관자』에는 "어린아이가 기와 한 장이라도 떨어뜨리면 그 어머니가 회초리를 들어 꾸짖는다弱子下瓦, 慈母操箠"라는 말이 나온다. 대들보가 굽어 집이 무너져도 원망하지 않는 것은 이치가 그러하기 때문이지만, 이유 없이 기와를 던지는 것은 마땅히 노여워해야 한다는 것이다. 여기서 조는 회초리를 '잡다操'로 쓰였다.

맹자는 "오직 외로운 신하와 서자들만이 그 마음을 잡음이 위태로우며 환난을 근심하는 것이 깊기 때문에 사리에 통달하게 된다獨孤臣孼子, 其操心也危, 其慮患也深, 故達"라고 했다. 여기에서 조심이라는 단어가 나온다. 마음은 본래 쉽게 동요한다. 하지만 좋지 않은 일을 겪는 사람이 오히려 위태롭더라도 마음을 단단하게 잡는다는 것이다.

군주의 인정을 받지 못하는 신하는 외롭고, 서자에게는 자기를 인정해주는 부모가 없다. 세상으로부터 관심을 받지 못한 사람은 안정적인 마음을 가질 수 없다고 여겨진다. 하지만 결핍의 시기에 외부가 아닌 내부를 끊임없이 갈고 닦아 마음을 잡는다. 반대로 안정된 상황이 때로는 더 혼란스러운 마음을 야기하기도 한다. 왜냐하면 일부러 '마음을 붙잡는操心' 노력을 하지 않기 때문이다. 오히려 마음이 위태롭고 근심스러워야 간절하게 공부하고 깊이 이치를 구하게 된다.

이런 이유로 아이가 어릴 때는 인위적인 결핍도 필요하다는 생각이 들기도 했다. 아이가 원하는 것을 다 해주는 것은 마음의 위태로움을 박탈하는 것이고, 그만큼 아이가 얻을 수 있는 깨달음도 줄어드는 것이라 생각했었다. 하지만 아이가 조금만 더 커도 부모인 내가 어쩔 도리가 없는 것이 많다는 것을 알게 된다. 또한 내가 채워주었다고 생각했던 것도 때로는 그것 때문에 또 다른 결핍을 낳는 것을 보았다. 애초에 해줄 수 없는 것은 차치하더라도 완벽하려는 것에서 오히려 구멍이 생기고, 채우는 것에서 비우려는 욕구가 자연스럽게 따라붙는 것이었다.

결국 오랜 시간 동안 스스로 깎이고 또 깎이면서 자기의 모습을 찾게 되는 것이었다. 결핍이 없는 사람은 본래 존재하지 않는다. 그런 의미에서 마음을 잡는 것은 인위의 노력으로 얻어지는 것이 아니라 살다 보면 자연스럽게 얻어지는 것이라는 생각이 든다.

· 24 ·

경칩 驚蟄

만물이 깨어나는 순리

아이에게 가끔 절기를 알려줄 때가 있다. 24절기는 단순하게 한자 공부가 될 뿐만 아니라 계절의 변화를 더욱 자세하고 입체적으로 이해할 수 있게 해준다. 입춘立春은 봄이 세워지는 것이고, 입동立冬은 겨울이 바로 서는 것을 말한다. 하지夏至는 여름이 지극해지는 것이고, 동지冬至는 겨울이 극에 달하는 것이다. 그중에 내가 가장 좋아하는 절기는 경칩이다. 긴긴 겨울이 끝나고 만물의 소생을 알리는 경칩은 봄과 관련된 입춘이나 춘분春分보다 더 역동적이고 생기에 가득 찬 느낌을 준다. 아이는 경칩驚蟄의 한자를 보고 경악驚愕하기는 했지만 자고 있던 동물들이 깨어나 봄을 알리는 것이라고 하니 꾸역꾸역 한번 그려내었다.

경칩은 24절기의 하나로 음력이 아니라 양력 3월 5일 혹은 3월 6일을 말한다. 절기는 당연히 달의 위상을 따르는 줄 알았지만 놀랍게도 달로는 계절 변화가 뚜렷하지 않아 태양의 위치 변화로 정한 것이라고 한다. 경칩은 '놀랄 경驚'과 '숨을 칩蟄'이 만나서 겨울잠을 자던 동물들이 깨어난다는 시기를 말한다. 하늘을 놀라게 하고 땅을 움직이게 한다는 경천동지驚天動地, 크게 놀라 얼굴빛이 하얗게 변하는 대경실색大驚失色 같은 성어에도 경驚이 쓰였다. 칩거蟄居는 나가서 활동하지 않고 집에 틀어박혀 있는 것을 말한다.

"조양자가 다리에 이르렀을 때 조양자의 말이 갑자기 크게 놀랐다襄子至橋而馬驚"라는 『전국책』의 대목에서는 경이 '말이 놀랐다'는 의미로 쓰였다. 말이 놀라는 것을 보고 조양자는 복수하러 온 예양豫讓이 숨어 있다는 것을 알게 되었다. 『초사楚辭』에 실려 있는 글 "온 궁정이 들썩이니 일제히 '격초'를 소리 높여 부르오宮廷震驚, 發'激楚'些"에서는 땅이 들썩일 정도로 놀란다는 것을 말한다.

『여씨춘추』에 등장하는 "겨울잠을 자던 동물들이 떨쳐 움직여 소생하기 시작하며蟄虫始振"와 『주역』「계사 하」에 나오는 "용이나 뱀이 겨울잠을 자는 것은 몸을 보전하기 위해서다龍蛇之蟄, 以存身也"에서 칩蟄은 모두 겨울잠으로 쓰였다.

아이의 삶을 절기로 생각해보면 지금이 바로 막 깨어난 경칩 같다는 생각이 든다. 과거와 지금을 어느 정도 연결할 수 있고, 자기주장이 생겨나는 것을 보면 겨울잠을 자고 나서 이제야 활동을 시작하는 모습처럼 느껴진다. 깨어나기 전에는 내가 원하는 대로 잘 따라와주는 순한 아이였다. 그래서 내가 육아를 잘하는 사람인 양 착각하게 만들기도 했다. 그런데 이제는 뭐 하나 납득시키는 것이 어려워졌다. 설명을 많이 해도 잔소리가 되고, 또 말을 하지 않으면 아이의 생각을 존중하지 않게 되는 상황이 생긴다.

태양의 위치가 조정되는 것이 자연스러운 것처럼 아이의 모습이 달라지는 것도 자연스러운 일이다. 다시 아기 때처럼 순해지길 바라는 것은 아침에 깨어난 아이를 다시 잠들게 하는 것만큼 불가능한 일이다. 누군가 아이를 하나의 우주라고 표현하는 것을 들은 적이 있다. 아이가 그만큼 소중한 존재라는 뜻일 것이다. 또한 사람의 성장 안에는 부모라는 일개 인간이 정확히 알 수 없는 오묘함이 있다는 의미이기도 하다. 아이가 커가는 과정에서 모든 것을 이해하려고 하는 것은 오만함이 아닐까. 이해되지 않는 것도 모두 다 아이의 일부분이다. 아이의 성장을 느긋하게 받아들일 수 있는 여유를 가졌으면 좋겠다.

· 25 ·

학대 虐待

'학대 감수성'에서 온 깨달음

아이가 굳이 어려서부터 알아야 할 이유가 없는 단어가 학대였다. 뉴스에서 연일 아동학대에 대한 보도가 이어지고, 아기 사진이 등장하자 아이는 그 단어의 의미를 궁금해하지 않을 수 없었다. 아동학대에 대해 '어른들이 아이를 괴롭히고 때리는 것'이라고 우선 이해하기 쉽게 이야기해줬다. 이 학대라는 단어를 알게 되고 얼마간은 아이의 입에서 수도 없이 '아동학대'라는 단어가 흘러나왔다. 문을 닫다가 실수로 아이의 팔을 살짝 치니 바로 '엄마가 아동학대를 했다'라고 말하는 것이다. 심지어는 듣기 싫은 말을 들으면 '이것은 아동학대이기 때문에 경찰이 엄마를 잡아갈 것'이라고 한다.

학대는 '사나울 학虐'과 '대할 대待'가 만나서 사납게 대한다는 뜻을 가진다. 몹시 괴롭히거나 가혹하게 대우하는 것을 말한다. 가학加虐은 남을 학대하는 것이고, 자학自虐은 자신을 학대하는 것이고, 가학苛虐은 몹시 심하게 학대하는 것을 말한다. 하夏나라의 폭군 걸을 부추겨 포악을 일삼게 했다는 조걸위학助桀爲虐과 성질이 횡포하고 잔학하여 도덕성이 없는 것을 이르는 포학무도暴虐無道라는 성어도 있다.

『춘추좌전』「애공26년」에 "임금은 강퍅하고 포악하여, 조금만 있으면 반드시 백성들에게 해를 끼칠 것이다君愎而虐, 少待之, 必毒於民"라는 말이 있다. 여기에서 학虐은 포악하다는 뜻이다. 『서경』「홍범洪範」에는 "외로운 자나 홀로된 자를 학대하거나 고명한 자에게 두려워하지 말라無虐煢獨, 而畏高明"라는 말이 나온다.

『시경』의 '억' 가운데 "가르침은 따르지 않고 반대로 장난으로 여기네匪用爲教, 覆用爲虐"라는 대목에서는 학虐이 장난이나 농담을 이른다. 『시경』「대아」의 구절 "한발(가뭄 귀신)이 날뛰어 마치 불붙어 타는 듯해라旱魃爲虐, 如惔如焚"에서 학虐은 재난을 말한다.

학대라는 단어의 의미를 아이에게 알려준 후 언어가 생각을 확장해줄 수 있다는 것을 알게 되었다. 무엇을 쉽게 인식하거나 인지할 수 있는 것 뒤에 '감수성'이라는 단어를 붙여 쓸 때가 있다. 차별이라는 단어의 의미를 새기지 않으면 자기가 경험하기 전에는 쉽게 지나칠 수 있는 것들이 많다. 하지만 그 뜻을 제대로 이해하면 주위 풍경이 달라지는 것을 알 수 있다. 이것을 차별에 대한 감수성이라고 한다. 성性에 대한 의식수준이 없다가 새롭게 생겨나기 시작하면 성 감수성을 가지게 된다. 아이는 학대라는 단어를 알게 되면서 말 그대로 학대에 대한 감수성이 생겨난 것이다. 그 단어를 알자, 의미를 깨닫고 자신의 삶 속에서 비추어보는 경험을 해보게 된 것이다. 때로는 직접적인 경험이 아니라 언어가 시각을 바꾼다.

아동학대에 대한 이야기를 나누고 나서부터는 아이에게 어떤 사회문제라도 진지하게 말해주게 되었다. 배움은 세상을 보는 눈을 만들어 나가는 과정이기 때문이다. 한 인간이 자기가 사는 사회에서 약속된 것들을 이해하고 공동체의 사회 일원이 될 수 있도록 돕는 것과 다름없다. 아동학대라는 단어에는 슬픔이 담겨 있다. 이런 단어 말고도 아이가 모르고 자랐으면 하는 사회문제는 많다. 그럼에도 정확한 개념을 알고 있는 사람들이 많아져야 문제 해결에 더 가까워진다.

· 26 ·

유치 幼稚

유치한 질문은 없다

유치원에 다니는 아이에게 유치를 가르치는 것은 어려운 일이 아니다. 아이는 유치원에서 친구들과 만나고 맛있는 밥을 먹고 즐거운 활동을 하면서 생활하고 있다. 학교 가기 전에 잠깐 들르는 곳이라고 생각했었는데 생각보다 많은 것을 배우고 신경 쓸 일도 많다. 아이를 키우면서 알게 되는 단 한 가지는 뭐 하나 내 예상대로 되는 것이 없다는 점이다.

유치원 할 때의 유치는 '어릴 유幼'와 '어릴 치稚'로 이루어져 있다. 유치라는 단어는 나이가 어리다는 뜻도 가지지만 생각이 짧고 수준이 낮아 얕볼 만한 상태라는 의미도 가진다. 유幼에는 대개 나이가 적다는 어린이의 의미가 강한 반면, 치稚는 치졸稚拙, 치기稚氣 어리다의 표현에서 볼 수 있듯이 나이가 어린 것뿐만 아니라 행동거지가 어른스럽지 못하고 생각이 좁고 수준이 낮다는 의미가 있다. 중국에서는 유아원幼兒園인데, 한국과 일본에서는 유치원으로 쓴다. 식민잔재라고 하는데 한자의 의미로만 생각하면 어리다는 의미만 갖는 유아원이 더 적합한 표현이라고 생각된다.

『한서漢書』「왕망전 상」에는 "君年幼稚, 必有寄托而居攝焉"에서 유치라는 말이 보인다. 군주의 나이가 어리니 반드시 섭정을 해야 한다는 말이다. 여기에서 유치는 나이가 어리다는 뜻이다. 『한서』「외척전하」중 "첩은 무명옷을 입고 현미를 먹으며 지내는 가난한 집안에서 자랐으며 게다가 나이가 어리고 어리석어 사리를 제대로 분별하지 못합니다妾夸布服糲食, 加以幼稚愚惑, 不明義理"에서는 우매하고 유치하다는 뜻으로 썼다. 생각이 짧다는 의미다.

생각이 유치한 것은 비단 어린아이에게만 적용되는 말은 아니다. 어른이 되어도 생각이 유치할 수 있고, 질문이 유치할 수 있다. 어른이 되면 질문을 하거나 생각을 표현하는 데 종종 어려움을 느낀다. 나의 유치함을 드러내는 것보다 숨기는 편이 훨씬 마음 편한 일이기 때문이다. 그래서 궁금한 일이 있어도 입을 닫고, 모르는 것이 있어도 질문하지 않고 넘어간다. 나이 어린 사람에게 질문하는 것을 부끄러워하면 안 된다는 성어 '불치하문不恥下問'은 실제로 실천하기가 무척이나 어려운 일이다. 그래서 그런지 나의 그런 태도만큼은 아이에게 심어주지 않고 싶다. 그것이 무엇이 되었든 자신 있게 자신의 마음을 개진할 수 있으면 좋겠다.

유치원에 다니는 나이에는 유치한 질문이라고 핀잔을 받을 일이 없다. 그래서 그 어느 때보다 자기의 생각을 솔직하게 말하고 거침없이 표현한다. 하지만 대체로 학교에서 몇 년을 생활하면 이러한 자신감을 점점 잃는다. 그것이 교육에서 가장 걱정해야 하는 문제가 아닐까 생각해본다. 가감 없이 물을 수 있어야 서로 더 많은 것을 배울 수 있기 때문이다.

『귀곡자鬼谷子』에는 "강한 것도 원래는 약한 것이 쌓여 이뤄진 것이고, 곧은 것도 원래는 구부러진 것이 쌓여 이루어진 것이고 여유가 있는 것도 원래는 부족한 것이 쌓여 이뤄진 것이다爲強者, 積於弱也, 爲直者, 積於曲也, 有餘者, 積於不足也"라는 말이 나온다. 유치한 질문이 축적되어야 언젠가 심오한 질문이 가능해진다는 것이다. 유치한 생각을 드러내지 않으면 그것을 교정할 기회조차 얻지 못하게 된다. 유치한 글도 마찬가지다. 유치한 글을 참아낼 수 있어야 그것보다 더 나은 글을 쓸 수 있게 되는 것과 같다.

처음에는 무엇이든 미약하다. 그래서 아이가 하는 유치한 질문을 가볍게 여기지 않는 것이 내가 지켜야 할 기본이라는 생각이 든다. '질문'이라는 명사 앞에 '유치한'이라는 형용사는 적절하지 않은 표현이 아닐까.

· 27 ·

기미 幾微

부모는 아이의 기미를 알아차릴 수 있어야 한다

기미를 알아차리는 것은 부모로서 중요한 일이다. 아이에게 드러나는 큰 잘못이 생기기 전에 그것을 고칠 수 있도록 도울 수 있어야 한다. 처음부터 큰 실수를 할 수 있는 사람은 적다. 작은 것들이 쌓이고 또 쌓이면 결국 큰 잘못을 저지르게 된다. '바늘도둑 소도둑 된다'나 '세 살 버릇 여든까지 간다'는 사소한 것이라도 어려서부터 삼가고 경계해야 한다는 것을 말해주는 속담이다.

기미는 얼마나 몇을 말하는 기幾와 작거나 정교한 것을 이르는 미微가 만나서 이루어진 말이다. 기는 베틀 기機로도 같이 쓰인다. 미는 미미微微하다, 미열微熱, 미분微分, 미묘微妙, 미소微笑, 미세微細, 미천微賤, 미약微弱, 경미輕微, 미진微塵, 미물微物, 미시적微視的 등 작다는 의미로 다양하게 쓰이고 있다. 아이는 미열을 경험한 덕분에 미微의 의미를 알게 되었다. 기미는 기색, 징조, 조짐과 비슷하게 사용된다. 우리말로는 낌새가 있다.

미微는 고전에서 자주 보이는 한자다. 『춘추좌전』의 한 대목 "그의 무리가 그를 숨겼다其徒微之"에서 미微는 '숨다'로 쓰였고, 『순자』 중 "하늘에 순응하며 사람을 깊이 헤아린다順於天, 微度人"에서는 엿보다의 의미를 가진다. 『논어』에 실린 "녹봉에 대한 권한이 공실을 떠난 지 오 대가 되었고, 정권이 대부의 손에 넘어간 지 네 대가 되었다. 따라서 저 삼환의 자손들도 미약해질 것이다祿之去公室五世矣 政逮於大夫四世矣 故夫三桓之子孫微矣"에서는 미약하다로 쓰였다.

『한서』의 「소망지전蕭望之傳」에서는 기미를 알아보는 능력 있는 신하를 선발해야 한다는 장면이 나온다. "폐하께서는 경술에도 밝고 옛일을 익혀 새것을 알며, 기미와 책략에 통달한 선비를 선발하시어, 그들을 조정에 봉직하는 신료로 삼아 정사에 참여시켜야 합니다願陛下選明經術, 溫故知新 通於幾微謀慮之士以爲內臣, 與參政事." 여기에서 기미는 일의 낌새나 조짐을 말한다.

아이가 친구의 편지를 거절하고 받지 않았다는 것을 알게 되었다. 친구는 그것 때문에 크게 실망했다고 한다. 그때 아이에게 왜 그랬는지는 물었지만 크게 혼내지는 않았다. 내 아이가 작은 일을 당했을 때는 크게 반응했으면서 다른 아이의 마음을 크게 상하게 한 일 앞에서는 그냥 지나치고 말았던 것이다. 그런데 얼마 후 아이가 친구들에게 좋은 것과 싫은 것을 지나치게 표현해서 어려움을 겪고 있다는 선생님의 전화를 받게 되었다. 그제야 친구의 편지를 거절한 일이 발단이 되었다는 것을 알게 되었다. 결국 크게 꾸지람을 하고 사과와 사랑을 담은 편지를 쓰도록 했다. 사과를 받은 친구는 고맙게도 그날 내내 행복해했다고 한다.

한비자는 작은 조짐을 조심하라고 권했다. 답장을 쓰기 전에 그 친구와 놀이터에서 사이좋게 지냈기 때문에 이미 해결되었다고 생각할 수도 있었다. 이맘때는 노는 것보다 좋은 화해방법은 없기 때문이다. 하지만 친구의 마음은 누구도 아프게 할 수 없다는 것은 분명히 알고 넘어가야 하는 문제였다. 학교폭력이나 왕따는 마법처럼 한순간에 튀어나오는 비행은 아닐 것이다. 남을 배려하지 않는 행동들이 쌓이면 친구를 괴롭히는 일도 망설임 없이 할 수 있다. 그래서 이번에 기미를 알아채는 것이 부모의 중요한 역할이라는 큰 교훈을 얻었다. 작은 병을 고치지 않으면 불치의 병이 된다.

2장

감정感情에서 찾은 한자

感

감感에는 서로 응하고, 영향을 준다는 뜻이 있다. 정情은 마음의 작용을 말한다. 그래서 마음이 사물이나 사람에 의해 응하고 움직이는 것을 감정이라고 한다. 감정은 그래서 지극히 주관적인 것처럼 보이지만 상호작용에 의해 이루어진다는 점에서 주관적인 의미만 가진다고 할 수 없다. 맹자는 인간에게 내재하는 보편적인 감정을 발현시켜야 한다고 말하고, 순자는 그런 것이 없기 때문에 가르쳐야 한다고 말한다. 선천적인 것을 발현시키든 후천적으로 기르든 모두 인간이 인간됨을 갖기 위해서는 감정을 배워야 한다.

인간은 '기쁨, 노여움, 슬픔, 두려움, 사랑, 미움, 욕망喜怒哀懼愛惡欲(『중용』「1장」)'이라는 보편적인 감정을 가진다. 공동체의 일원으로 성장하기 위해서는 이러한 보편적인 감정을 이해하는 것이 필요하다. 자신의 감정에 관심을 갖고, 그것이 타인에게 확장되고, 또 타인의 감정이 전달되는 이 복잡한 과정을 지속적으로 겪어내야 사회와 어울릴 수 있는 사람이 되는 것이다. 무엇보다 자신의 감정을 이해하고 그것을 언어로 표현할 수 있는 일은 건강한 삶에 도움이 된다. 나의 마음이 어디에서 어그러졌는지 아는 것에서부터 그것을 해결할 단서를 얻을 수 있기 때문이다.

· 28 ·

후회 後悔

후회 있는 삶에 대해

'후회하지 않는 삶을 살아야 한다'고 강조하는 것은 누구나 후회하면서 산다는 의미다. 후회 있는 삶은 잘못된 것일까. 후회가 하나도 없이 스스로 완벽하게 지내왔다고 생각하는 것이 더 나은 삶의 모습일까. 아이에게 "나중에 후회하지 마"라고 말하고 후회했던 적이 있다. 아이는 아직 너무 어리고, 과거와 미래의 개념도 없는데 가혹한 말을 한 것은 아닐까. 아이가 내 말을 듣지 않고 나중에 진짜 후회하게 되면 내 입에서 "그럴 줄 알았어"라는 말이 튀어나올지도 모른다. 하지만 나의 예상이 적중하는 것은 중요치 않다. 그럴 줄 알았다고 비난하기 전에 그것을 받아들이는 아이의 태도에 관심을 기울여야 한다.

후회는 '뒤 후後'와 '뉘우칠 회悔'가 만나서 지나간 일을 뉘우치고 깨우친다는 말이다. 그렇다면 후회는 무척이나 좋은 의미를 가진다. 잘못이나 실수가 없는 삶은 없다. 다만 그것을 깨닫고 개선하려는 노력만 있다면 그것이 바른 삶이라는 것이다. 그런데 일상생활에서 후회라는 말은 한자의 의미와 다르게 사용되고 있다. '후회막심後悔莫甚', '후회막급後悔莫及', '후회 없는 삶'이나 '후회해도 소용없다'처럼 후회는 좋지 않은 의미를 담아 쓰이고 있다. 반성도 '뒤돌아서反' '뉘우친다省'로 같은 뜻이지만 '반성 없는 삶을 살자'나 '반성해도 소용없다'라는 말은 잘 쓰지 않는다.

『시경』에는 자기가 사랑했던 남자가 고향으로 떠나며 데려가지 않는 것에 대해 후회할 것이라고 원망스럽게 말하는 여인의 시가 있다. "나를 데려가지 않네, 나중에 뉘우쳐도 소용이 없네不我以, 其後也悔"라는 구절에서 후회라는 것은 자신의 과거에 대한 후회가 아니라 자기를 버린 그 사람이 훗날 오늘에 대해 뉘우치게 될 날이 올 것이라고 말하는 애통한 마음을 나타낸다.

『채근담』에는 "하늘에 닿을 듯한 죄악도 뉘우침이란 '회' 한 글자를 이겨내지 못한다彌天罪過 當不得一個悔字"라는 구절이 있다. 뉘우치는 마음은 아무리 큰 잘못도 덮을 수 있는 힘이 있다는 것이다.

'회悔'라는 한 글자가 인생을 관통해야 한다는 말은 너무나 큰 울림이 된다. 삶을 돌아볼 때 아쉬움이 없을 수는 없다. 다만 그것을 대하는 자세에 따라 더 좋은 길로 나아갈 수 있다는 것이다. 공자는 "허물이 있어도 고치지 않는 것이 곧 허물이다過而不改, 是謂過矣"라고 말했다. 잘못이라는 것을 알고 그것을 고치려고 하면 그것은 잘못이 아니라 배움이 되는 것이기 때문이다. 후회가 없으면 개선도 없다. 물론 아주 작은 잘못까지 일일이 뉘우치면서 앞으로 나아갈 수는 없다. 그러나 후회해야 할 정도로 중요한 일 앞에서는 뉘우치는 용기를 가졌으면 좋겠다. 잘못은 부끄러운 것이 아니다. 잘못을 모르는 척하고 고치지 않는 것이 부끄러운 일일 뿐이다.

후회는 하지 말아야 하는 것이 아니라 해야 하는 것이고, 후회해도 소용없는 것이 아니라 후회하면 반드시 소용이 있는 것이다. 그래서 아이가 조금 잘못된 선택을 하더라도 그 잘못보다 그것을 고치려는 노력에 관심을 가져야겠다는 생각이 든다. 아이가 자기의 잘못에 대해 깨닫고 뉘우치면 그러한 마음과 태도를 응원해주고 조금 달라질 수 있는 방법이 무엇일지 함께 고민할 수 있는 부모가 되고 싶다.

· 29 ·

기분 氣分

감정을 나누는 것

아이와 기분에 대해 이야기를 나누는 것은 부모나 아이에게 무척이나 중요한 일이다. 기분이 좋은지 나쁜지, 구체적으로 들어가서 즐거운 것인지 슬픈 것인지, 더 깊이 들어가면 좋아서 슬픈 것인지, 아니면 싫어서 기분이 상한 것인지. 감정의 단어를 끄집어내는 것은 부모로서 내가 언제나 마다하지 않고 해야 하는 역할이라는 생각이 든다. 마치 감정을 요리하듯 껍질을 벗기고, 다듬고, 썰어본다. 물론 그 과정을 통해서 기분이 어떤지 정확하게 찾아낼 수는 없다. 다만 내가 아이의 기분을 진지하게 여기는 과정 속에서 아이의 마음이 풀리곤 하는 것 같다.

기분은 '기운 기氣'와 '나눌 분分'이 만난 글자이다. 아이가 자주 말하는 기분이라는 것은 아이의 감정상태를 가리킨다. '기분이 좋다'거나 아니면 감정이 좋지 않을 때는 '기분이 상했다'고 말하곤 한다. 또 다른 의미의 기분은 분위기를 가리킨다. 연말 기분이 난다, 명절 기분이 난다고 할 때, 주위를 둘러싸고 있는 분위기를 말하는 것이다. 중국어로 한자 기분氣氛은 주변의 분위기를 말할 때만 쓰인다. 그런데 여기에서 사용하는 분은 '나눌 분分'이 아니라 '기운 분氛'이다. 중국에서는 감정을 나타내는 '기분氣分'이라는 의미를 생활 속에서 쓰지 않는다.

힘을 나타내는 이 '기氣'라는 한자는 고전이라고 하면 아우르지 않는 곳이 없을 정도로 쓰임이 광범위하다. 그중 감정, 정서의 의미는 『장자莊子』에서 찾을 수 있다. "안정하고 싶으면 기를 평탄하게 하면 된다欲靜則平氣"에서 '기'라는 것은 감정을 말한다. 편안하고 고요한 상태를 원한다면 감정을 평평하게 다스릴 수 있어야 한다는 것이다. 감정이 지나치게 좋아도 마음이 시끄럽고, 나쁜 것은 더 말할 것도 없기 때문이다.

기분이라는 것은 마음에 생기는 유쾌, 불쾌, 우울 따위의 주관적인 감정이다. 『장자』에서 말하는 감정을 통제하는 방법은 기분을 지나치게 좋지도 않고, 지나치게 나쁘지도 않은 그 정도를 유지하는 것을 말한다. 지나친 기쁨은 허무함을 낳고, 지나친 슬픔은 자포자기하게 만든다. 좋은 일과 나쁜 일이 번갈아 찾아오는 것은 모든 사람이 겪는 일이지만 그것을 어떻게 대면할지는 각자의 몫에 달렸다는 것이다.

기분이라는 것을 한자 그대로 해석하면 '감정을 나눈다'는 의미를 갖는다. 가족 중에 기분이 좋지 않은 한 사람이 집 안 전체의 분위기를 바꿀 수 있다. 기분은 개인적인 감정이기도 하지만 쉽게 사회적인 영향을 미친다. 내가 즐거운 마음으로 사람들을 대하면 기쁜 기운이 다른 사람들에게 옮겨가는 것을 알 수 있다. 반대로 내가 나쁜 기운을 나누면 또 주위의 사람들도 기분이 좋지 않게 된다. 아이의 기분이 좋으면 물론 나의 기분도 좋고, 아이가 낙담하거나 실망하면 나의 기분도 덩달아 좋지 않다.

부모로서 염두에 두어야 하는 것은 『장자』에 나오는 '평기平氣', 동요 없는 일정한 정서를 유지하는 것 같다. 집 안의 분위기가 지나치게 들뜨지도 않고 지나치게 무겁지도 않은 그 상태가 아이에게 편안함을 주지 않을까. 흐르는 물을 거울삼을 수 없듯이 동요하는 부모에게 안정을 찾을 수 있는 아이는 없기 때문이다. 물론 어른이라고 기분이 오르락내리락하지 않는 것은 아니다. 하지만 아이에게만큼은 흔들림 없는 정서를 줄 수 있도록 노력해야 한다. 부모는 누구보다 강력하게 아이에게 감정을 나누는 존재이기 때문이다.

· 30 ·

행복 幸福

일상을 누리기만 하면 행복

행복한 마음은 언제 생길까. 어른이 되니 행복하다는 감정이 도무지 무엇인지 알 수가 없다. 시간은 점점 더 빨리 흘러가고, 특별한 일이 생길 것이라는 기대가 없다. 희망은커녕 매일 별일 없이 지나갔으면 좋겠다는 마음뿐이다. 드라마에서 어떤 고등학생이 '인생이 재미없다'고 말하자 아이는 곧 '나는 인생이 재미있는데'라고 말하는 것을 듣고 놀란 적이 있다. 인생이 뭐냐고 묻자 '사는 것'이라고 말하며 자기는 맨날 친구들이랑 놀기 때문에 재미있다는 것이다. 아마 그것이 아이에게는 행복인 것 같다.

행복은 충만함을 느껴서 흐뭇한 감정상태를 말하기도 하고, 복된 운수를 말하기도 한다. 복된 운수에서 행복한 감정이 생기고, 반대로 행복한 마음을 가지면 복이 찾아오는 것처럼 그 둘을 명확하게 구분하기는 힘들다. 그래서 '행복이 가득하다', '행복을 누리다', '행복을 느끼다', '행복에 젖다', '행복을 빌다'는 모두 두 가지를 포함하는 즐거움이라고 할 수 있다. 고전에서는 행복을 '복福'이라는 한자로만 사용한다. 좋은 일은 '복福'이고 나쁜 일은 '화禍'이다. 이 두 글자는 함께 쓰이는 경우가 많다.

노자는 "화가 복이 의지하는 곳이요, 복이 화가 엎드리는 곳이니 누가 그 극을 알리오禍兮福之所倚, 福兮禍之所伏, 孰知其極"라고 했다. 행복과 불행이 언제나 함께 하는 것이라고 본 것이다. 마찬가지로 순자는 "화와 복은 이웃하여 그 드나드는 문을 알 수 없다禍與福隣莫知其門"라고 했다. 복이 오면 화가 오고 화가 오면 또다시 복이 찾아온다는 것이다. 복과 화가 서로 문을 열고 드나드는 이웃과 같다고 보았다.

순자는 복에 대해서 이렇게 설명한다. "마음은 도道와 동화하는 것보다 더 큰 것이 없고 복은 화가 없는 것보다 더 나은 것이 없다神莫大於化道, 福莫長於無禍." 단지 심각한 어려움만 겪지 않으면 그것이 곧 행복이라는 것이다.

아이가 생각하는 행복은 마음이 충만해지는 것이고, 내가 생각하는 행복은 큰 괴로움이 없이 사는 것이다. 어렸을 때는 채워지는 것이 두렵지 않은 것 같다. 어른이 되면 채워지면 반드시 비워야 할 때가 온다는 것을 어렴풋이 깨닫게 된다. 큰 즐거움 뒤에는 더 큰 고통이 찾아오고, 또 힘든 일들도 시간의 도움을 받아 조금씩 옅어진다는 것을 알게 되는 것 같다. 아이는 매일을 채우고 또 채우면서 사는 것 같다. 그것이 언젠가는 슬픔이나 괴로움으로 바뀔 수도 있다는 것을 모르기 때문이다. 그런 순수한 마음이 부럽기도 하지만 그때와 지금의 감정이 다른 것이 당연한 일이라는 생각이 든다.

『시경』에는 "아아, 너희들 군자여, 언제나 편하려고 하지 말아라. 너희 자리를 삼가 받들어 바르고 곧은 길을 좋아하며 그것을 마음에 두고 잘 따르면 너희들 큰 복 받게 도우리라嗟爾君子, 無恆安處, 靖共爾位, 正直是與, 神之聽之, 式穀以女"라는 시구가 있다. 행복은 편함과 안락함에서 오는 것이 아니라 곧은 마음을 가지고 따르고자 하면 저절로 얻어지는 것이라고 한다. 행복의 정의를 달리하면 일상에도 의미가 생긴다. 별 탈 없이 하루가 흐르고, 가족이 모두 건강하기만 한 것으로 감사한 마음이 든다. 인생이 재미없다고 하는 것도 노자나 순자의 말에 따르면 행복인 것이다.

· 31 ·

억울 抑鬱

인정만 해도 '답답함鬱'이 사라진다

억울한 감정은 단순한 분노와는 다르다. 나는 억울할 때 가장 큰 분노가 생기는 것 같다. 아이도 나와 마찬가지로 오해받을 때 억울함을 느끼는 것 같다. "엄마가 내 말을 믿어주지 않았어"라고 말하면 마음속에 억울함이 생긴 것이다. '믿어주지 않는다'라는 말은 진짜 믿어주지 않을 때보다는 자기의 말을 곡해할 때 자주 사용한다. '억울'이라는 한자를 써주면서 가장 억울할 때가 언제인지 물으니 없다고 대답한다. 다만 한자 '울鬱'을 보면서 이렇게 어려운 글자를 어떻게 쓰냐고 억울해하는 것이었다.

'억抑'은 누르고, 굽히는 것을 말한다. '억제抑制', '억압抑壓', '억양抑揚'이 이에 해당한다. '울鬱'은 답답하거나 울창한 것을 말한다. '우울憂鬱', '울적鬱寂', '울창鬱鬯'에서 쓰인다. 울은 한자의 모습만으로도 빽빽하다.

나무가 산에 빽빽하게 자라 있으면 울창하고 시원하게 느껴지지만 사람의 마음속에 번민이 축적되어 빈틈이 보이지 않을 정도이면 그 괴로움은 이루 말할 수가 없다.

『노자』에는 "높은 것은 누르고, 낮은 것은 올린다高者抑之, 下者擧之"라는 말이 있다. 여기에서 '억'은 누른다는 의미로 쓰인다. 하늘의 도는 남은 것이 있으면 덜고 모자라는 것이 있으면 채우는 것이지만 인간 세상에서는 부자가 빈자를 착취하고, 귀한 사람이 천한 사람을 업신여긴다는 것이다. 그래서 언제나 넘치면 덜고 부족하면 채워야 한다는 노자의 사상을 엿볼 수 있다. 『회남자』에는 "도장을 바르게 찍으면 봉함도 바르게 되지만 기울어지게 찍으면 봉하는 것도 삐뚤어지게 되는 것이다若璽之抑埴, 正與之正, 傾與之傾"라는 구절이 있다. 여기에서도 마찬가지로 누른다는 의미로 쓰였다. 일을 추진할 때 정신이 맑고 뜻이 평화로운 것이 우선이라는 말이다. 마음속이 바르지 못하면 하는 일도 자연스럽게 비뚤어진다는 것이다.

『관자』 가운데 "근심과 우울함이 병을 낳으니憂鬱生疾"에서는 '울'이 우울함을 말한다. 또한 통하지 않거나 막힌다는 말로도 쓰인다. 『춘추좌전』의 "막히어 자라지 않게 된다鬱湮不育"라는 대목에서 이와 같은 뜻으로 사용되었다.

잘못이 있어서 비난받을 때는 미안함과 난처함이 뒤섞인 분노가 생겨난다. 이와 달리 억울함은 스스로 그다지 잘못이 없다고 느낄 때 생기는 감정이다. 타인이 자신의 의도에 대해 완벽하게 이해할 수 없다. 그리고 단편적으로 판단할 수밖에 없다. 모두 각각의 변명거리가 있다는 점에서 분노 안에는 언제나 억울함이 포함되는 것 같다. 핑곗거리가 생기는 순간 억울함도 찾아온다.

매번 핑곗거리를 찾는 것은 비겁하고 솔직하지 못한 태도이다. 또한 그것은 타인에게도 자신에게도 도움이 되는 태도가 아니다. 기꺼이 잘못을 인정하면 마음에 남는 것이 없지만 그것을 두려워하면 마음속에 억울함이 가득해진다. 아이에게 잘못을 인정하는 것이 더 좋은 것이라고 아무리 말해주고 칭찬을 해주려 해도 선뜻 그 말을 따르지 못하는 것을 볼 수 있다. 하지만 『춘추좌전』에서 말하는 것처럼 빽빽하면 막혀서 잘 자랄 수 없다. 억울한 감정이 가득 차면 유익한 것들이 자라날 수 없다. 인정하면 가벼워진다는 것을 자주 되새겨야겠다.

· 32 ·

귀신 鬼神

보이지 않는 귀신은 누구나 그릴 수 있다

아이가 무서운 이야기를 무서워하기도 하고 좋아하기도 한다. 『세계귀신지도책』, 『도시괴담』, 『구스범스』 같은 종류의 무서운 책을 무척이나 좋아하면서도 아빠가 무서운 이야기를 한다고 하면 그렇게 싫어할 수가 없다. 깜깜한 밤에는 '무서운 이야기'라는 단어만 들어도 무서워한다. 오늘 배울 한자가 '귀신'이라고 하니 글자가 무섭다고 호들갑을 떨면서 도망친다. 아이에게 귀신의 뜻을 물으니 '원한이 생겨 떠돌아다니는 것'이라고 한다. 늙어서 죽은 사람은 산소에 편하게 누워 있기 때문에 절대 귀신이 될 수 없다는 것이다.

한자로 '귀鬼'와 '신神'은 모두 귀신을 뜻한다. 죽은 사람의 넋을 말하기도 하고, 사람에게 길흉화복을 주는 신령을 말하기도 한다. 신출귀몰神出鬼沒은 귀신같이 나타났다가 사라지는 것처럼 자유자재하다는 것을 말한다. '귀신처럼 꾸몄다'는 것은 흉하거나 사나운 모습을 말하고, 어떤 재주에 대해 '귀신같다'라고 말하는 것은 탁월하다는 칭찬이다. '귀신이 씌었다'는 것은 정신을 차리지 못한다는 것을 말하고, '귀신이 곡할 노릇'은 아주 감쪽같다는 것을 의미한다.

고전에는 '귀신'이라는 단어가 수없이 등장한다. 『주역』의 겸괘謙卦에는 "귀신은 가득 찬 것을 해치고 겸손한 것에 복을 준다. 사람의 도는 가득 찬 것을 미워하고 겸손한 것을 좋아한다鬼神, 害盈而福謙. 人道, 惡盈而好謙"라는 말이 나온다. 여기에서 정이천은 '귀鬼'와 '신神'을 음과 양이 조화한 흔적이라고 말한다. 가득 찬 것은 재앙을 주고, 겸손한 것은 복을 준다는 것이다. 『주역』의 「계사 상」에는 "정기가 물이 되고, 유혼으로 변화하니 귀신의 상황을 안다精氣爲物, 遊魂爲變, 是故知鬼神之情狀"라는 말이 있다. 집산의 이치, 정기가 모였다 합쳤다 변화하는 것을 귀신이라고 하는 것이다.

『중용中庸』에서 공자는 "귀신이 덕이 되는 것은 아마도 성대함일진저鬼神之爲德, 其盛矣乎"라고 했다. 여기에서도 마찬가지로 신성한 의미의 귀신을 말하고 있다. 『관자』에서는 이와 다르게 귀신이 유령과 가까운 의미로 쓰였다. "천지 사이를 떠돌아다니는 것을 귀신이라 한다. 마음속에 간직하고 있는 사람을 성인이라 한다流於天地之間, 謂之鬼神. 藏於胸中, 謂之聖人"는 것이다. 이리저리 휩쓸리고 흘러다니는 것이 아니라 마음속에서 진리를 찾아야 한다는 것이다.

귀신은 실체가 없다. 그래서 아이가 원할 때마다 마음대로 무서운 이야기를 해줄 수가 있다. 한비자는 "귀신을 그리기 쉽지만 개나 말은 그리기 어렵다犬馬最難 鬼魅最易"고 말했다. 왜냐하면 개는 누구나 그 형상을 알기 때문에 어렵지만 귀신은 누구도 본 적 없기 때문에 아무렇게나 그릴 수 있다는 것이다.

어른이 되면 삶이라는 실체 앞에서 귀신은 더이상 무섭고 두려운 존재가 되지 않는다. 그런 의미에서 아직은 아이가 귀신을 충분히 무서워하면서 즐겁게 지냈으면 좋겠다.

· 33 ·

미안 未安

아직 편치 않은 나의 마음

'미안'은 아이에게 더이상 설명이 필요 없는 말이다. 어려서부터 자주 듣고 자주 하는 말이기 때문이다. 타인에게 폐를 끼치거나 잘못을 저질렀을 때 대개 미안한 마음이 생긴다. 부모가 되니 아이에게 미안한 일이 한두 가지가 아니다. 말을 할 수 없는 아기였을 때부터 지금까지 미안하다는 말을 얼마나 많이 했는지 모르겠다. 『대학』에는 "자식을 기르는 것을 배운 이후에 시집가는 사람은 있지 않다未有學養子 而後嫁者也" 라는 말이 있다. 부모가 되어 계속 실수하고 사과하는 것은 어쩔 수 없는 일인 것 같다.

'미안'은 '아직 미未'와 '편안한 안安'이 만나서 이루어진 말이다. 한자로만 생각해보면 '아직 마음이 편안하지 않은 상태' 정도로 이해할 수 있다. '죄송罪悚'은 나의 죄스러운 행동에 대하여 내가 두려움을 갖는다는 것이기에 이 말도 나의 감정을 표현하는 것이고, '유감遺憾'이라는 말도 마음에 차지 않아서 섭섭하거나 불만스러운 느낌이 남아 있다는 뜻이다. 모두 용서를 구하는 것이 아니라 나의 마음이 어떤지에 대해 표현하는 단어다. 우리말로 '겸연쩍다'는 쑥스럽고 미안해서 어색하다는 말이다. 미안해서 도저히 변명하기 어려울 때 겸연쩍다는 말을 한다.

『서경』의 한 대목 "가을에 곡식이 잘 익었으나 아직 수확을 하지 않았다秋, 大熟, 未穫"에서 미未가 '아직 아니다'로 쓰였다. 또한 아직 오지 않았다는 의미로 '미래'라는 뜻으로 쓰일 때가 있다. 순자는 "무릇 사람을 처형하는 근본은 난폭을 금하고 악을 미워하며 그 미래를 경계함이다凡刑人之本 禁暴惡惡且徵其未也"라고 말했다. 죄에 합당한 벌을 내리는 이유는 '미래'에 또 발생하지 않도록 하기 위해서라는 것이다. 순자는 처벌이 죄에 맞지 않는 것보다 더 큰 불상사는 없지만, 다스려지는 세상에서는 죄가 무겁고 어지러운 세상에서는 죄가 가벼워진다고 말했다.

『논어』에는 "자신을 수양하여 백성을 편안하게 해주다修己以安百姓"라는 말이 나온다. 여기에서 '안'은 '안정적으로 만들다'라는 뜻이 있다. 『논어』「학이學而」에서는 "군자는 먹음에 배부름을 추구하지 않고, 거처함에 편안함을 추구하지 않는다君子食無求飽, 居無求安"라고 했다. 여기에서는 편안하고 안락하다는 의미로 쓰였다. 그 뜻을 보면, 군자는 누구나 원하는 욕구를 추구하기보다 그것을 추구하지 않음으로써 오히려 마음의 안정과 즐거움을 누릴 수 있어야 한다는 것이다. 이것은 끊임없는 배움을 통해서 얻어져야 한다고 강조한다.

왜 잘못을 했을 때 먼저 남에게 용서를 구하지 않고 나의 마음이 편치 않다는 말을 쓰는 것일까. 미안은 타인의 감정이 아니라 나의 감정을 중시하는 것처럼 보이는 말이다. 다른 사람의 마음을 어루만지는 사과를 먼저 해야 더 사려 깊다고 여겨지지 않을까.

미안하다는 것은 타인에게 요구하는 감정이 아니다. 내가 잘못했으니 사과를 하고 해결해야겠다는 강한 의지가 있는 말이 아니다. 무턱대고 용서를 바라는 것보다 진심을 보여주고 기다리는 방법이다. 미안한 마음을 전해 받은 사람은 자기 마음이 누그러지는 충분한 시간을 가질 수 있다. 그런 점에서 누군가에게 자신의 불편한 마음을 솔직하게만 표현하는 '미안'은 타인을 배려하는 말이다.

· 34 ·

상傷하다 | 傷

말은 창끝보다 심각한 생채기를 남긴다

아이는 '나 마음이 상했어', '속상해'라는 말을 자주 한다. 그것은 엄마나 아빠 때문에 지금 마음이 달라졌으니 사과를 하든 마음을 풀어주든 어떤 노력을 기울이라는 요구이다. 아직은 '마음의 상처'를 받을 정도로 경험이 많지 않다. 만일 조금 더 커서 자신의 상처에 대해 말해준다면 지금보다 더 성의껏 이야기를 들어줄 것이다. 힘든 마음을 나에게 털어놓을 수 있다면 그것보다 더 보람된 일이 없을 것이다.

마음이 '상'하는 것은 음식이 '상'할 때의 '상傷'과 같다. '다칠 상傷'은 '상처傷處', '상심傷心'에 쓰인다. 몸이 다친 것은 상처이고, 마음이 좋지 않은 것은 상심이다. '상심하다', '마음이 상했다', '속상하다'는 모두 같은 뜻이다. '심心', '마음', '속'이 모두 동일한 의미를 가지기 때문이다. 어려운 일에 처한 사람에게 '상심이 크시겠습니다', '상심 마세요'라는 말을 하지만 '마음 상하지 마세요', '속상해하지 마세요'라는 말을 잘 쓰지는 않는다. '상심하지 말아라'보다 '속상해?'라는 말은 더 가깝고 살가운 관계에서 쓸 수 있고, '상심'은 거리가 있거나 격식을 갖추어야 할 때 더 많이 사용되고 있다.

순자는 "선언을 가지고 남과 사귀면 베나 비단옷보다 따뜻하고 사람을 다치게 하는 말은 창끝보다 더 심각하다與人善言, 煖於布帛, 傷人以言, 深於矛戟"라고 했다. 여기에서는 '다치다'라는 의미를 가진다. '상'은 『논어』에서도 보인다. 공자가 "무슨 상관이 있겠느냐? 또한 각자 자신의 뜻을 말한 것이다何傷乎. 亦各言其志也"라고 할 때 '상'은 '가로막다', '장애가 되다'로 쓰였다.

『시경』 가운데 "잠시 쇠뿔 잔에 술을 따라 기나긴 근심을 잊어볼까我姑酌彼兕觥, 維以不永傷"라는 시구에서는 슬픔과 근심을 가리킨다. 『한서』에는 "충량한 사람을 질시하고 공로가 있는 사람을 비난하며 헐뜯으니 참으로 가슴 아프도다嫉妒忠良, 非毁有功 於戲傷哉"라는 말이 나온다. 여기에서 마음이 상한다는 뜻으로 사용되었다.

사람은 속상하지 않을 때에도 속상할 만한 일을 끌어와서 애태우는 것을 좋아한다. 마음이 상할 일이 없어야 한다고 생각하면 오히려 삶이 고달프다. 누구나 마음속에 불편한 것을 품고 지낸다는 것을 알면 마음 상하는 것이 자연스럽다는 것을 알게 된다. 마음은 여름날의 생선들처럼 쉽게 상하지만 그와 다르게 금방 회복될 수 있는 장점이 있다. 대개는 노력하지 않아도 시간이 흐르면 해결되기 마련이다.

마음이 상하는 것과 달리 마음에 상처가 생기면 쉽게 회복되지 않는다. 순자의 말처럼 마음에 생긴 상처는 창끝으로 다친 것보다 아무는 데 더 오랜 시간이 걸린다. 마음은 자주 상하는 가벼운 일이지만 마음의 상처는 무거운 일이다. 아이에 대한 어떤 판단이 생기더라도 그것을 아이에게 직접 이야기하는 것은 조심해야 한다. 나아가려는 아이에게 선을 긋고 한계를 설정하는 것과 다르지 않기 때문이다. 부모가 만일 아이를 쉽게 규정하거나 판단해버리면 그것이 아이의 마음속에 각인이 되고 만다. 부모가 아이를 어떻게 바라보느냐에 따라 아이도 자신을 그렇게 규정할 수밖에 없다. 그래서 부모의 말이 비난이나 책망이 아니더라도 아이에 대한 평가가 아이에게 상처가 될 수 있다는 것을 알아야 한다.

· 35 ·

창피 猖披

부끄러움과 창피함은 다르다

창피하다는 것은 대체로 남이 나를 보는 시선 때문에 생기는 감정이다. 부끄러운 것은 나에 대해 스스로 느낄 수도 있는 감정이지만 창피에는 반드시 타인이 존재해야 한다. 나는 아이에게 창피하다는 말을 잘 쓰지 않는다. 하지만 아이는 어른들에게 '옷을 제대로 입지 않으면 창피하다', '배꼽이 보이네, 창피해라' 등 단정하지 못하거나 속살이 보일 때 그런 말을 듣기도 한다. 나는 왜 창피하다는 말을 쓰지 않으려고 할까. 창피라는 단어는 나보다 타인을 더욱 중요하게 여기는 마음이기 때문이다. 누구나 타인보다 내가 더 중요하다는 사실을 알지만 그것을 지켜낼 수 있는 사람은 별로 없다. 조금이라도 그런 시선과 거리를 두었으면 하는 바람 때문에 사용하지 않는다.

창피는 '미쳐 날뛸 창猖'과 '헤칠 피披'가 만나서 난동을 부리거나 방탕한 모습을 말한다. 하지만 국어사전에서는 체면이 깎이는 일이나 아니꼬운 일을 대하는 것, 혹은 그에 대해 느끼는 부끄러운 마음이다. 가끔 '챙피'라는 말을 쓰기도 하는데 한자어 창에서 온 말이기 때문에 잘못된 표현이다. 이와 비슷한 뜻으로는 '무안하다', '부끄럽다', '수치羞恥스럽다'가 있다. 길에서 우스꽝스럽게 넘어지면 무안하고 부끄러운 것보다는 창피하다는 생각이 든다.

굴원의 시 '이소離騷'에는 이런 구절이 있다. "'걸桀(하나라의 마지막 임금)과 주紂(상나라의 마지막 임금)는 얼마나 방탕을 일삼았습니까. 그들은 그릇된 길에 빠져 허둥대며 걸었습니다何桀紂之猖披兮, 夫唯捷徑以窘步." 이때 창피는 허리띠도 매지 않고 단정하지 못하게 옷을 입은 모습을 말한다. 방탕함에 빠져 있는 모습을 묘사하는 것이다. 걸과 주는 결국 올바른 길에서 벗어나 망국의 길로 접어들었다.

한자로 창피는 감정의 단어가 아니라 모습을 묘사하는 것이다. 체면이 깎이는 것이 옷을 단정하게 입지 않아 느끼는 부끄러움과 비슷한 것일까. 허리띠를 매지 않고 공식석상에 등장한다는 것은 위신을 떨어뜨리는 행동이다. 부끄러움이나 수치는 스스로의 마음에 의심이 생겨서 불안해진 마음이지만 창피는 겉모습 때문에 생겨난 마음인 것이다. 겉모습은 사람들이 쉽게 바라보는 기준이나 평가에 적합한지 그렇지 않은지 판단될 수 있는 근거를 말한다. 어떤 직업을 가졌는지, 어떤 대학에 다녔는지, 시험 성적은 어떠한지 등 객관적으로 파악될 수 있는 것들을 말한다. 그런 표면적인 것들이 사회적인 기준과 어긋났을 때 대개 창피함을 느낀다. 사람들이 대개 알고 있다고 여겨지는 상식에 무지하면 창피한 마음이 든다.

그래서 나는 아이가 수치나 부끄러움은 느껴야 하지만 창피해서 괴로움에 빠지지는 않았으면 좋겠다. 자기 마음속에서 스스로에 대해 부족함을 느끼고 그것을 반성할 수는 있다. 하지만 사회의 기준에 부합하지 않는다고 슬퍼하는 것은 조금 더 생각해볼 문제이다. 자기에게 부끄럽지 않도록 최선을 다하는 것에는 마음을 써야 하지만 불분명하고 모호한 사회의 기준 때문에 창피함을 느끼는 것은 언제나 아이의 마음속에 불안을 야기한다. 누구도 적당한 기준이 무엇인지 알지 못하기 때문이다. 애초에 그것에 부합할 수 있는 것도 불가능한 일이다. 많은 사람들이 원하는 것을 하지 못하면 창피하고, 다른 사람에게 실망감을 주면 창피하다. 하지만 결국에는 자기 자신에게 물어야 한다. 스스로 부끄럽지 않은 판단을 하고 노력을 기울일 수 있는지 말이다.

· 36 ·

포기 暴棄

포기拋棄는 할 수 있지만 포기暴棄해서는 안 된다

포기하는 것은 즐거운 일과는 거리가 멀다. 끝까지 해내지 못하고 중도에 그만두는 것은 곧잘 슬픔과 좌절에 빠지게 한다. 포기하지 말라는 말은 많이 들어보았지만 빨리 포기하라는 말은 들어본 적이 거의 없다. 아이에게 언제나 포기하지 말라고 하는 부모가 되어야 할까, 아니면 포기하는 것도 용기가 필요한 것이라고 알려주어야 할까.

포기는 '던질 포拋'와 '버릴 기棄'가 만나 하려던 일을 중도에서 그만둔다는 뜻을 가진다. 대부분의 사람들이 말하는 포기는 바로 이것을 말한다. 무엇을 성취하기 위해 끈질기게 늘어져서 성공하는 사람들은 포기를 모른다고 한다. 반대로 상황에 따라 멈추고 다른 길을 택하면 낙오자로 낙인찍힌다. 이와 달리 고전에서 나오는 포기는 자포자기自暴自棄의 줄임말이다. 이것은 절망에 빠져 스스로를 돌아보지 않는 것을 말한다. 포기抛棄는 인생에서 작은 일부분을 버리는 것이지만 포기暴棄는 인생 전체를 버리는 것이다.

맹자는 "스스로 자신을 해치는 자와는 함께 이야기할 수 없고, 스스로 자신을 내팽개치는 자와는 함께 일을 할 수 없다自暴者, 不可與有言也. 自棄者, 不可與有爲也"라고 했다. 자포자기한 사람과는 함께 할 수 없다는 것이다. 자신을 포기한 사람이 어떻게 타인과 대화를 하거나 일을 도모할 수 있느냐는 말이다.

송나라 학자 정이천은 "매우 어리석다는 것에는 두 가지가 있으니, 스스로를 학대하는 자포와 스스로를 포기하는 자기다所謂下愚有二焉. 自暴也, 自棄也"라고 했다. 어리석은 것은 노력을 통해 나아질 수 있지만 자포는 자신을 믿지 않고 거부하기 때문에 아무것도 나아지지 않는다는 것이다.

살다 보면 포기해야 하는 일이 생긴다. 포기는 실패의 다른 말이 아니라 성공으로 가는 또 다른 길이 되어주기도 한다. 잘못된 길에 들어섰을 때 과감하게 멈추고 돌아가는 용기도 필요한 것이다. 그래서 아이에게도 포기라는 것은 절대 피해야 할 금기가 아니라 자연스럽게 만날 수 있는 것이라고 알려주고 싶다. 포기는 그래도 시작했기 때문에 할 수 있는 일이다. 아무것도 시작하지 않았다면 그것이 자신에게 맞는 것인지조차 알 수 없다. 시작을 응원하는 것처럼 포기도 마찬가지로 응원하지 않을 수 없다. 아이가 중도에 멈추고자 하는 것은 실패가 아니라 자연스러운 일이다. 모든 일을 다 끝까지 해내야 한다는 고정적인 생각에서는 벗어났으면 좋겠다. 아이를 한결같이 믿어주는 부모가 있다면 스스로를 믿는 데 더 도움이 되지 않을까 생각해본다.

반면에 자기 자신을 포기하는 것은 한순간도 잘못된 일이라고 생각한다. 중도에 멈추는 것은 얼마든지 가능하고 잘못된 것을 고쳐나가는 것도 누구나 할 수 있는 일이다. 하지만 스스로를 내팽개치는 사람은 아주 작은 것도 이룰 수 없다. 체념한 사람에게는 어떤 말이나 도움도 닿지 못한다. 자기의 문을 닫고 있는 사람에게는 어떤 것도 소용이 없게 된다. 인생을 포기하는 것은 어떤 상황에서도 결코 있을 수 없는 일이다. 삶은 누구나에게 어렵지만 그럼에도 누구나 마땅히 살아가야 하는 것이다. 정이천의 말처럼 어리석은 것은 무엇을 잘 알지 못하는 것이 아니라 자신을 믿지 않고 체념하는 것이다. 세상 모두가 자신을 믿지 않는 순간에도 자기 자신을 믿어야 한다. 그러한 굳건한 마음을 가지는 것이 곧 현명함이다.

3장

관계關係에서 찾은 한자

관계는 '관계할 관關'과 '맬 계係'가 만나 이루어진 말이다. 『순자』에는 "(몽구蒙鳩라는 새가) 깃털을 가지고 둥지를 만들고 그것을 엮어서 갈댓잎에 매달았다以羽爲巢, 而編之以髮, 繫之葦苕"라는 말이 나온다. 여기에서 계繫(係와 같은 글자) 자는 '매달다'라는 뜻이 있다. 이때 바람이 불어와 갈댓잎이 꺾여 알이 깨지고 새가 죽었다. 순자는 새 둥지가 완전하지 않아서가 아니라 매단 것 때문에 그렇게 된 것이라고 말한다. 군자는 사는 곳을 가리고, 노는 데에는 반드시 어진 사람을 따라야 한다는 의미가 담겼다. 내가 바르더라도 내가 따르는 것이 잘못되었으면 몽구의 둥지처럼 옳지 못한 결과를 얻을 수 있기 때문이다.

관계는 이처럼 내가 바르더라도 누구와 만나느냐에 따라 예상과 달라질 수 있다고 한다. 물론 먼저 좋은 사람이 되는 것이 좋은 사람을 만날 수 있는 기본적인 요건이다. 그래서 관계에 대해 내가 아이에게 해줄 수 있는 가장 큰 조언은 스스로 좋은 친구가 되라는 것이다. 그럼에도 불구하고 오로지 한 사람의 마음으로 지속할 수 없는 것이 관계의 어려운 점이다. 만약 나의 아이를 좋아하지 않는 사람이 있다면 그것은 내 아이의 잘못도 그 사람의 잘못도 아니다. 어쩔 수 없는 부분은 인정할 수 있는 태도야말로 관계에 대처하는 현명한 방법인 것 같다.

· 37 ·

예의 禮儀

나를 높이고 빛나게 하는 것

아이와 하루에 한 구절씩 『사자소학』을 읽어보았다. 아이는 어렸을 때부터 나에게 '예의 바르게', '예의 없이'라는 말을 많이 들으면서 자랐다. 내가 말하는 예의는 인사를 잘하고, 공손하게 말하는 것뿐이었다. 그래서 『사자소학』을 통해 아이뿐만 아니라 나도 예의를 배울 수 있다고 생각했다. 『사자소학』은 "아버지는 나를 낳아주시고, 어머니는 나를 길러주신다父兮生我, 母兮鞠我"로 시작한다. 아이의 입장에서 우스운 말이 아닐 수 없었다. 어떻게 아버지의 배 속에서 자신이 나올 수 있느냐면서 무척 재미있어했다.

예의는 예도를 말하는 '예禮'와 거동이나 법도를 말하는 '의儀'가 모여 만들어진 말이다. 존경의 뜻을 표하기 위하여 나타내는 말투나 몸가짐을 말한다. 비슷한 말로 예절, 예의범절, 버르장머리, 버릇이 있다. 버르장머리와 버릇은 예의가 어긋났을 때 부정적으로 사용된다.

『시경』에는 "예의범절에는 모두 나름의 분별이 있어 웃는 데도 말하는 데도 모두 알맞은 법도가 있도다禮儀卒度, 笑語卒獲"라는 말이 나온다. 한비자는 "예란 감정을 겉으로 드러내는 방법이다禮者, 所以貌情也"라고 했다. 예의를 보고 마음을 알아차릴 수 있다는 것이다.

순자는 "하늘에 해와 달보다 더 밝은 것은 없고 땅에 물과 불보다 더 밝은 것은 없으며 물건에 주옥보다 더 밝은 것은 없고 사람에게 예의보다 더 밝은 것은 없다在天者莫明於日月, 在地者莫明於水火, 在物者莫明於珠玉, 在人者莫明於禮儀"라고 했다. 순자가 말하는 예는 선악과 시비를 가르는 기준에 가까운 일이다. 우리가 지금 생각하는 예의보다는 법이나 규칙에 가까운 엄격한 것을 가리킨다.

순자의 말을 인용해서 아이에게 '공손하게 말하고 행동하는 것은 너 자신을 별처럼 빛나게 해주는 것'이라고 말해준 적이 있다. 예쁜 옷과 구두를 신는 것보다 예의 있는 모습이 더 멋진 사람을 만들어주는 것이라고. 사실 아이에게 예의를 가르칠 때 내가 아이를 가르칠 정도로 예의가 있는 사람인가 뜨끔한 마음이 든다. 그렇지만 최소한 내가 아는 것, 지킬 수 있는 것에 대해서는 단호하게 알려줄 수밖에 없다. 나의 마음이 흔들리면 아이의 태도는 더욱 크게 흔들릴 것이기 때문이다. 다만 아이에게 알려준 것을 내가 지키지 못할 때 반성하고 고치려고 노력할 뿐이다. 아이 덕분에 나의 '예의'에 대해서 끊임없이 고민하고 생각해보게 된다.

예의를 가르치기 어려운 것은 아주 사소한 것이라도 몸에 배도록 하는 것이 어렵기 때문이다. 또 예의를 강조하다 보니 아이가 자신을 돌아보는 것이 아니라 친구의 행동을 보고 예의 없다고 판단을 해버리기도 한다. 남을 비판하거나 미워하는 데 사용하면 예의의 본래 취지를 잃게 된다.

『사자소학』을 읽고 아이에게 예의가 생겼다고는 할 수 없다. 아이는 '부모가 집에 들어오시면 일어난다'를 '부모가 집에 들어오시면 때린다'로, '정리한다'를 '어지른다'라고 장난을 치려고 했다. 그것에 대해 혼내거나 교정해주지는 않았다. 예의는 단번에 이해할 수 있는 것이 아니기 때문이다. 다만 장난 속에서 예의라는 것의 중요성을 어렴풋이 알게 되었다고 생각해본다. 『사자소학』을 읽은 것은 작은 실천이었지만 언젠가 자신을 예의 있게 드러내는 것이 곧 자신을 높이는 일이라는 큰 깨달음을 얻게 되는 작은 계기가 되어줄 것이라 믿는다.

· 38 ·

선생先生님 | 先生

선생님은 배움의 반이다

아이에게 무엇이든 가르침을 준다면 모두 선생님이다. 유치원 선생님뿐만 아니라 한글 워크북을 만든 사람, 그림책을 쓴 사람 모두 선생님이다. 그래서 나는 아이와 책을 쓴 선생님에 대한 이야기를 나누기도 한다. 누군가에게 가르침을 받는 것, 배울 수 있는 것은 언제나 감사한 일이기 때문이다. 가르치는 사람에 대해 존경심을 갖는 것은 배움의 기본이다.

선생님은 '먼저 선先'과 '날 생生' 뒤에 존중을 의미하는 한글 '님'이 붙어 이루어진 말이다. 학생을 가르치는 사람을 선생님이라고 부르고, 나이가 많은 사람도 선생님이라고 부를 수 있다. 관공서에서도 선생님이라는 호칭을 쓴다. 대학교에서 가르치는 사람은 직업적으로는 교수지만 학생들에게는 교수님이 아니라 선생님이라는 호칭으로 불려야 한다.

『시경』에 실려 있는 시구 "아기 낳으실 그달이 가득 차 첫아기를 양처럼 쉽게 낳으시고誕彌厥月, 先生如達"에서는 한자 뜻 그대로 '먼저 태어났다는 것'으로 쓰였다. 송경이라는 사람이 초나라로 가는 길에 맹자와 석경 땅에서 만났을 때 맹자는 "선생은 어디로 가려고 하십니까"라고 묻는다. 이때 선생은 먼저 태어난 사람, 즉 '연장자'를 말한다.

『예기』에 학생을 가르치는 선생님이 등장한다. 동자는 "아무 일이 없을 때에는 주인의 북쪽에 서서 남쪽을 향한다. 선생을 뵈올 때는 사람을 따라서 들어간다無事則立主人之北南面. 見先生從人而入"라는 대목도 그중 하나다. 스승에게 갖추어야 할 예절에 대해 강조하는 내용은 고전마다 어렵지 않게 찾을 수 있다.

고전에서는 '선생先生'이라는 한자보다는 '스승 사師'가 가르침을 나누는 사람으로 더 자주 등장한다. 『노자』에는 "선한 사람은 선하지 못한 사람의 스승이요, 선하지 못한 사람은 선한 사람의 바탕이다. 그 스승을 귀히 여기지 않고, 그 바탕을 사랑하지 않으면, 비록 지혜로워도 크게 헤맨다. 이것을 일러 오묘라 한다善人者, 不善人之師. 不善人者, 善人之資. 不貴其師, 不愛其資, 雖智大迷. 是謂要妙"라는 말이 나온다. 스승과 제자의 관계를 뜻하는 '사자師資'라는 말이 『노자』에서 처음으로 사용된 것이다. 스승과 제자는 일방적인 관계가 아니라 상호적인 관계로 서로를 귀하게 여기고 사랑해야 한다는 뜻이다. 순자도 마찬가지로 "'학문은 그 스승을 가까이하는 것보다 더 편리한 것이 없다'고 한다. 학문의 길은 그 스승을 좋아하는 것보다 더 빠름이 없으며 예를 높여 실천함은 그다음이다故曰, 學莫便乎近其人. 學之經, 莫速乎好其人, 隆禮次之"라고 했다. 스승을 먼저 좋아하고 믿음을 가지는 것이 학문을 하는 데 가장 중요한 태도라고 여기는 것이다.

뭐든지 하찮게 생각하는 순간, 아무리 사소한 것이라도 이룰 수 없다. 더구나 배움을 전수하는 선생님을 존경하지 않으면 언제나 제대로 배울 수 없게 된다. 『서경』에는 "가르침은 배움의 반이다斅學半"라는 말이 나온다. 가르치는 것과 배우는 것은 따로 떨어져 있는 것이 아니라 가르침 속에서 배우는 것이고 배우는 것 또한 가르치는 것에 영향을 주는 것이다. 부모가 해야 할 일은 선생님의 단점을 찾는 것이 아니라 아이가 선생님을 더욱 존경하고 사랑하도록 만드는 일이다. 선생님은 아이에게 서비스를 제공하는 사람이 아니라 부모 다음으로 중요하게 여겨지는 존재여야 한다.

· 39 ·

무시 無視

흘려보낼 수 있는 힘

요즘 '무시'가 우리 집의 화두다. 아이는 벌써 친구의 말에 상처를 받고 고민에 빠졌다. 나에게도 아이가 친구들에게 듣는 말에 대해 지나칠 정도로 감정이입을 하는 문제가 생겼다. 사소한 이야기 속에서도 행간의 의미를 찾게 되고, 좋은 말이라고 판단되면 기쁘고, 반대의 경우라면 더 심하게 기분이 상하는 것이다. 사실 아이가 전달하는 것이 확실하지도 않고, 의도도 정확히 알 수가 없다. 일일이 듣고 이해시킬 수도 없는 노릇이다.

무시는 '없을 무無'와 '볼 시視'가 만나 '보지 않는다'는 뜻을 가진다. 사물이나 사람의 존재나 가치를 알아주지 않는 의미도 있고, 사람을 깔보거나 업신여긴다는 뜻으로도 쓰인다. 아이가 속상한 말을 들었을 때 할 수 있는 첫 번째 조언이 '무시해라'였다. 그렇다고 남을 깔보고 못되게 굴어야 한다는 것은 아니다. 그냥 넘기라는 뜻이다.

『묵자墨子』에는 "눈은 두루 다 볼 수 없고, 손은 두루 다 잡을 수 없으며, 입은 두루 다 맛볼 수 없다目不能偏視, 手不能偏操, 口不能偏味"라는 말이 나온다. 여기에서 시視는 말 그대로 '눈으로 보다'라는 의미를 가진다. 묵자는 부귀한 사람들의 사치를 비판한다. 부유한 사람들이 차고 넘치는 생활을 하면 할수록 곤궁한 사람들은 더욱 춥고 배가 고프다는 것이다. 『대학』의 다음 구절, "마음이 있지 아니하면 보려 해도 보이지 않고, 들으려 해고 들리지 않으며, 먹어도 그 맛을 알지 못한다心不在焉, 視而不見, 聽而不聞, 食而不知其味"에서도 '본다'는 의미로 쓰였다. 보고, 듣고, 먹는 것은 모두 마음에 달려 있다는 것이다.

본다는 것은 살펴보고 고려해본다는 의미로도 쓰인다. 『춘추좌전』 중 "수레에서 내려 수레바퀴 자국을 살피더니 수레에 올라 바라본다下視其轍, 登軾而望之"에서는 살핀다는 뜻으로 쓰였다.

아이가 친구 한 명에게 매번 지적을 당해서 마음이 힘들다는 이야기를 하기 시작했다. 왜 구두를 신고 왔는지, 왜 이런 옷을 입고 왔는지 일일이 묻고 따진다는 것이었다. 큰일이 아니라고 아무리 말해주어도 눈물을 보이고 무척이나 신경을 쓰는 것이었다. 그때 급한 대로 '무시 권법'이라는 것을 알려주었다. 다른 사람의 말을 매번 붙잡지 말고 흘려보내라는 의미에서였다. 어른들도 남의 말을 지나치게 곱씹어보고 감정의 늪에서 벗어나지 못하는 경우가 많다. 예의에 벗어나거나 크게 상처를 받은 것이 아니라면 의미를 두지 않고 잊으면 되는 것이다.

매일 유치원 앞에서 서로의 손바닥을 마주치며 '무시권법'을 외쳤다. 며칠이 지나니 아이의 감정이 누그러지기 시작했다. 아이에게는 무엇보다 사소한 지적은 웃으면서 넘길 수 있는 여유가 필요했던 것이다. 무시는 모든 것에 의미를 부여하면 피곤하다는 깨달음이다. 남을 깔보는 무시는 가르치면 안 되지만 지나치게 크게 확대해서 걱정하지 않도록 지도해야 한다는 생각을 했다. 그로부터 얼마 후 "엄마, 나 이제 무시권법이 필요 없게 되었어"라고 말했다. 이제 마음을 힘들게 했다는 친구랑은 비슷한 옷을 같은 날 입고 가는 약속을 한다. 시간이 지나면 말의 본래 의도도 이처럼 자연스럽게 드러난다. 이번 경험으로 아이가 타인의 말에 대해 조금 단단한 태도를 가지게 된 것 같다.

· 40 ·

영향 影響

아이는 부모의 그림자와 메아리다

부모는 아이에게 긍정적인 영향과 부정적인 영향을 동시에 준다. 아이의 말과 행동에서 어느새 나와 나의 배우자의 모습이 보인다. 아이를 키우면서 비로소 나의 언어습관이나 행동양식이 무엇인지 알게 되었다. 아이는 물을 빨아들이는 스펀지처럼 주저 없이 부모에게서 뭐든 배워나가고 있는 것이다. 나의 단점을 그대로 따라 하는 모습을 보면서 나를 돌아보게 된다. 아이에게 더 좋은 영향을 주어야 한다는 압박감에 나의 말과 행동을 수정해야 할 때는 버겁고 귀찮기도 하다.

영향은 '그림자 영影'과 '메아리 향響'이 만나 이루어진 말이다. 그림자와 메아리는 스스로의 의지를 가지고 움직이거나 소리를 내지 못한다. 아이에게 영향을 주기 위해서는 그 사람의 의지를 바꾸는 것이 아니라 나에 대한 반성을 해야 한다. 아이에게 이런저런 조언을 해도 소용이 없다. 그림자나 메아리는 온전히 나의 말을 따를 뿐이기 때문이다. 그래서 좋은 영향은 오직 나에게서 시작된다.

『서경』에는 "제대로 된 길을 순조롭게 따르면 길하고 거스르는 길을 따르면 흉하니, 이는 그림자나 메아리 같습니다惠迪吉, 從逆凶, 惟影響"라는 말이 나온다. 바른 길로 가면 저절로 좋은 일이 생긴다는 것이다. 굳이 여러 가지 노력을 기울이지 않아도 옳은 길로만 가면 길을 잃을 일이 없다고 말한다.

『회남자』에는 "메아리는 제멋대로 응하지 않고, 그림자는 멋대로 만들어지지 않는다. 부르면 부르짖고 그림자는 방불하게 묵연히 스스로가 얻는 것이다響不肆應而影不一設 呼叫仿佛 默然自得"라는 말이 있다. 도道라는 것은 지혜와 달리 수고롭지 않아도 메아리와 그림자처럼 저절로 그렇게 된다는 뜻이다.

아이에게 좋은 모습을 기대하려면 부모가 먼저 좋은 길로 걸어가야 한다. 아이가 보였으면 하는 모습을 나에게 적용해보면 아이에게 쉽게 잔소리를 할 수 없다. 왜냐하면 아이는 내가 직접 아이에게 하는 말을 따르는 것이 아니라 나의 행동을 따르고 있었기 때문이다. 내가 옳은 행동을 하지 않으면서 아무리 옳은 소리를 늘어놓아도 아이는 그것을 따를 수가 없다. 내가 아무리 그림자에게 나와 다르게 가라고 말해도 그림자는 그럴 수 없다. 메아리에게 대답하지 말라고 소리치면 메아리는 똑같이 나에게 소리칠 뿐이다. 그래서 수고롭게 말해서 그림자의 행동과 메아리의 소리를 고치려 하면 안 된다. 고쳐야 할 것은 오직 나의 행동과 말뿐인 것이다.

아이에게 지대한 영향을 끼친다는 것은 부모로서 매우 부담스러운 일이다. 부모이기 전에 한 인간으로서 부족한 것이 많은데 부모가 되자마자 이러한 책임이 따른다는 것이 즐거운 일만은 아닌 것 같다. 그럼에도 아이는 매 순간 부모의 말과 행동을 유심히 살피고 그것을 따르는 것을 멈추지 않는다. 완벽하게 좋은 영향을 줄 수는 없지만 지금보다 더 좋은 길을 제시해줄 수 있도록 끊임없이 스스로를 살필 수밖에 없는 것이다. 아이를 돌보고 성장시키는 일은 결국 나를 돌보고 성장시키는 데서 시작되는 것이었다. 아이가 나의 그림자와 메아리가 되길 거부하는 날이 오더라도 지금의 경험은 여전히 아이에게 남기 마련이다. 어른이 된 내가 싫든 좋든 여전히 나에게서 내 부모의 모습을 발견하는 것처럼 말이다.

· 41 ·

경청 傾聽

'경청傾聽'과 '정청正聽'

아이와 함께 있어도 딴생각을 할 때가 있다. 그럴 때 아이는 귀신같이 알아차린다. 매번 "엄마 지금 딴생각했지?", "엄마, 딴생각하지 마"라며 나를 놀라게 하는 것이다. 생각이 많아질 때는 그런 빈도가 잦아진다. 그러면 아이의 말을 자꾸 놓치게 된다. 그럴 때 아이는 내 귀에다 대고 "엄마 경청해"라고 큰 소리로 말한다. 서운해하는 아이에게 미안한 마음이 들어 알려준 방법이다. '경청'이라는 단어가 들리면 정신을 차리고 아이의 이야기를 듣기 시작한다. 정말 경청할 필요가 없다고 생각되는 이야기라도 최대한 열심히 들으려고 노력한다.

경청은 '기울일 경傾'과 '들을 청聽'이 만나서 이루어진 말이다. 기울어진다는 것은 좋은 뜻보다는 나쁜 뜻을 더 많이 갖는다. 기울어진 경사보다는 평평한 곳이 집을 짓거나 농사를 짓기에 유리하다. 나라가 기운다는 것은 곧 망한다는 의미를 가진다. '경국지색傾國之色'은 나라를 기울일 만한 미인을 가리킨다. 그래서 '경傾'에는 사특하다는 뜻도 있다. 고전에서는 경청이 좋지 않은 의미로 쓰이고 있다.

『예기』에는 "어린 자식들에게는 항상 속이지 않는 모습을 보여주며, 바른 방향을 향해 서며, 비스듬한 자세로 귀를 기울여 듣지 않는다幼子, 常視毋誑, 立必正方, 不傾聽"라는 말이 있다. 부모가 자식의 이야기를 듣는 태도가 어떠한지를 말하고 있다. 어린 자식의 말을 귀담아듣지 않는다는 것이 아니라 바른 방향과 자세로 들어야 한다는 것이다.

『논어』에도 '기울일 경'이 보인다. "대개 [분배가] 고르면 가난한 사람이 없고, 조화로우면 적다고 느끼지 않을 것이며, 안정되면 [나라가] 기울어질 일이 없다蓋均無貧, 和無寡, 安無傾"에서 '경'은 나라가 기울어진다는 의미를 가진다.

경청이라는 말은 참 좋은 말로 쓰인다. 타인이 나의 이야기에 경청한다는 것만으로도 위로가 될 때가 있다. 그런 의미에서 누군가의 말을 진지하게 들어주는 행위는 조언보다 유익하다. 경청하는 자세는 사람과 사람의 관계에서 매우 중요한 태도이다. 완전히 어긋나는 생각이라도 귀 기울여 들으면 이해되는 것들이 있다. 특히나 나와 다른 의견을 가진 사람의 이야기에 경청할 수 있다는 것은 대단히 사려 깊고 인내심 있는 행위다. 그런데 『예기』에서는 왜 어린 자식에게는 경청을 해주면 안 된다고 말하는 것일까. 물론 아이의 말에 관심을 기울이지 말라는 의미는 아닐 것이다.

아이는 부모의 품에서 세상의 중심이 된 지 오래다. 하지만 성장하기 위해서는 자기가 세상의 중심이 아니라는 사실도 인정해야 한다. 그래야 사회에서 원만한 관계를 맺으면서 살아갈 수 있는 것이다. 그런 의미에서 몸을 기울여서 아이의 말에 무조건 수용하는 것은 아이의 건강한 성장과는 거리가 멀다고 할 수 있다. 경청을 통해 아이가 마음에 있는 솔직한 것들을 스스로 꺼내 보는 것이라면 도움이 되는 일이지만 문제의 해결은 부모가 아니라 자신에게 달려 있다는 것을 알아야 한다. 그래서 때로는 몸을 기울여 아이에게 완전히 이입하는 것보다는 몸을 세우고 방관자적인 입장으로 아이를 바라봐줄 수도 있어야 한다. 무조건적인 공감은 아이 스스로 일어설 수 있는 힘을 잃게 만들 수도 있기 때문이다. 부모는 진지하게 들어줄 뿐 그 감정을 해결하는 것은 스스로라는 사실을 알아야 아이가 더욱 단단하게 자라지 않을까. '기울여 듣는 것傾聽'보다 '바르게 듣는 것正聽'이 더 필요할 때가 있다.

· 42 ·

용서 容恕

용서를 비난의 빌미로 삼아서는 안 된다

아이에게 실수나 잘못을 했을 때 미안하다는 말을 한다. 그럴 때 아이는 "용서 안 해줘", "내가 꼭 용서해줘야 해?"라고 대답한다. 그런데 재미있는 것은 내가 똑같은 잘못을 했을 때 말없이 그냥 넘어가면 쉽게 마음이 풀리는 것이다. 아직 어리기 때문에 이런 반응이 나오는 걸까 생각해보면 이것은 비단 어린아이들의 태도만은 아닌 것 같다. 어른들도 용서를 구하는 사람을 비난하는 경향이 있다.

용서는 '얼굴 용容'과 '용서할 서恕'가 만나서 이루어진 말이다. 지은 죄나 잘못에 대하여 꾸짖거나 벌하지 않고 덮어주는 것을 말한다. '용容'이라는 한자에는 얼굴 말고도 담는다거나 받아들인다는 의미도 있다.

"그 마음이 느긋하면 용납함이 있는 것 같은지라其心休休焉, 其如有容."

『서경』의 이 대목에서 '용'은 '담는다'는 뜻을 가진다. 어떤 것이든 받아들일 수 있으려면 마음이 편안하고 느긋해야 한다는 것이다. "반드시 참는 것이 있어야 이룸이 있을 것이며, 포용함이 있어야 덕이 커질 것이다必有忍, 其乃有濟. 有容, 德乃大." 『서경』의 다른 구절에서도 '용'이 비슷한 의미로 쓰였다. 그러나 여기에서는 선후관계가 달라졌다. 인내나 포용은 쉽지 않지만 그것을 해낼 수 있다면 성취와 덕을 얻을 수 있다는 것이다.

'서'에 대해서는 『논어』와 『맹자』에 그 정의가 나온다. 공자는 "그것은 서일 것이다! 자기가 원하지 않는 일을 남에게 시키지 않는 것이다其恕乎! 己所不欲, 勿施於人"라고 했고, 맹자 역시 "자신의 마음을 미루어 남을 생각하기를 힘써 실천하는 것보다 인을 구하는 가까운 방법은 없다强恕而行, 求仁莫近焉"라고 했다.

고전에서 사용된 정의를 따르면 용서는 다른 사람의 잘못 앞에서도 나의 마음을 미루어보는 관용적인 마음이다. 또한 자기가 원하지 않는 것을 남에게 주려는 이기적인 마음을 버리는 것이다. 아이뿐만 아니라 잘못을 인정하는 사람 앞에서 나도 기꺼이 잘못을 덮어준 적이 있는가 생각해보면 부끄러운 마음이 든다.

사과하는 마음을 믿어 의심치 않는 것은 받아들이는 사람의 몫이기도 하다. 심지어 아이가 용서를 구하는 데에도, 용서를 받아들이는 데에도 시간이 필요할 때가 있다. 그러나 용서를 구하는 사람은 자신의 잘못을 인정하는, 대담하고 현명한 사람이다. 잘못을 인정하고 고백하는 마음은 그 자체로 소중한 것이다. 그러한 귀중한 마음을 보지 못하고 사소한 잘못을 들춰내는 오류를 범하지 말아야 한다. 특히 나의 아이에게 용서를 빌 만한 용기가 있다면 그것은 어른인 나도 겸손하게 배워야 한다고 생각한다. 남의 잘못 앞에서 나를 미루어 생각한다면 분노가 치솟을 일도 별로 없을 것이다. 나의 잘못이나 실수는 누구보다 내가 더 잘 알기 때문이다. 아이가 타인의 용서를 기꺼이 받아들일 줄 알았으면 좋겠다. 마찬가지로 타인이 구하는 용서를 비난의 도구로 쓰지 않도록 잘 가르쳐야겠다.

· 43 ·

약속 約束

여러 다발로 묶으면 끊어지기 쉽다

아이와의 약속은 구체적이기보다는 포괄적인 것이 좋다. 어떤 아이스크림을 지정해서 먹기로 약속했는데 그것이 마트에 없으면 나는 약속을 어긴 사람이 된다. 그래서 항상 구체적인 것은 그런 상황이 되었을 때 결정한다. 또 언제나 일정이 바뀔 수도 있다는 단서를 꼭 붙인다. 나의 예상과 어긋나는 변수가 많기 때문이다. 만일 그런 단서를 붙이지 않으면 약속을 지키지 않는 엄마가 되어버리기 쉽다. 그래서 아이와의 약속은 항상 조심스럽다. 말하기 전에 생각하고 또 생각해야 한다.

약속은 '맺을 약約'과 '묶을 속束'이 만나 다른 사람과 앞으로의 일을 어떻게 할 것인가를 미리 정하는 것을 말한다. 한자로는 서로 묶는다는 뜻을 가진다. 나와 상대방의 말을 서로 묶어서 고정시키는 것을 말한다. 그러나 고정된 것은 또 쉽게 풀리기 마련이다. '굳은 약속'이라는 말은 약속이라는 것이 지키기 어렵다는 것을 방증하는 표현이기도 하다. 오랜 역사를 돌아봐도 지켜지지 않은 약속이 지켜진 약속보다 더 많다.

『장자』에는 "일정한 모습이란, 굽어도 그림쇠에 의하지 않고, 곧아도 먹줄에 의하지 않으며, 둥글어도 그림쇠에 의하지 않고, 네모져도 곱자에 의하지 않으며, 달라붙어도 갖풀이나 옻칠에 의하지 않고, 다발로 묶여도 노끈이나 밧줄에 의하지 않는다常然者, 曲者不以鉤, 直者不以繩, 圓者不以規, 方者不以矩, 附離不以膠漆, 約束不以纆索"라는 말이 나온다. 여기에서 약속은 '다발로 묶는다'는 뜻으로 쓰였다. 『사기』에서 인상여藺相如는 "진나라는 목공 이래 스무 명 남짓한 군주가 있었지만 지금까지 약속을 확실하게 지킨 사람은 없다秦自穆公以來二十餘君, 未嘗有堅明約束者也"라고 말했다. 여기에서는 지금의 약속으로 사용되었다.

장자는 세상에는 변하지 않는 일정한 모습이 있다고 한다. 굳이 노끈이나 밧줄에 의지하지 않아도 저절로 다발로 묶이는 것들이 있다는 것이다. 그런데 인의仁義라는 쓸데없는 끈이나 밧줄이 그것을 묶고 있는 것처럼 보이게 만든다는 것이다. 애초에 필요 없는 것을 꼭 필요한 것처럼 만들어서 세상 사람들을 현혹하는 유가儒家들을 비판하는 것이다. 약속이 많아지면 지켜지기 어렵고, 지켜지지 않으면 신뢰를 잃게 된다는 점에서 장자의 주장에는 의미가 있다. 진秦나라를 무너뜨리고 한韓나라의 유방劉方이 가장 먼저 한 일은 약법삼장約法三章으로 법을 간략하게 만든 일이다. 진나라의 세세하고 가혹한 법이 사람들을 쉽게 죄

인으로 만들어 삶을 도탄에 빠뜨린 것이다.

약속을 지키는 일은 소중한 것이고, 사람 간의 신뢰를 쌓는 데 기본이 되는 일이다. 하지만 지나치면 자연스러운 것들이 모두 인위적인 것이 되고 만다. 자연스러운 일에 인위를 더하면 지키는 것이 더 버겁게 느껴진다. 그래서 약속을 쉽게 하기보다는 어렵게 하고, 많이 하기보다는 적게 하는 것이 다발을 쉽게 풀리지 않도록 만든다.

그래서 나는 아이가 꼭 해야 하는 일 앞에서는 미리 약속을 하기보다는 자연스럽게 실천하는 것을 도우려고 한다. 약속이 때로는 실천하는 발걸음을 무겁게 만들기 때문이다. 하기 싫은 것 앞에서 말로써 그것의 무게를 더하기보다 하는 것 자체에 집중하는 것이 더 유익한 것이기 때문이다. 지키기 쉬운 것은 애초에 약속할 필요가 없고, 지키기 어려운 것은 미리 약속해서 무거움을 더해서는 안 된다. 무거운 다발은 끊어지기 쉽다. 조금씩 혹은 느슨하게 묶어서 끊어지지 않도록 해야 한다.

· 44 ·

응원 應援

진심을 다해 응원하는 것의 의미

진심으로 응원해주는 사람이 있으면 힘이 난다. 응원은 힘이 드는 일이 아니지만 그것을 받는 사람에게는 엄청난 힘이 된다. 진심을 담은 응원은 응원을 받는 사람뿐만 아니라 응원을 하는 사람의 마음도 채워준다.

응원은 한자로 '응할 응應'과 '도울 원援'이 만나 도움에 응한다는 의미를 가진다. 남이 손을 뻗치면 끌어당겨주는 모습이다. 그러나 실제로 도움을 주는 것보다 경기 따위에서 힘을 낼 수 있도록 구호를 외치거나 노래를 하는 것 등을 이르기도 하고, 곁에서 용기를 주고 성원하는 것을 말한다. 또는 누군가가 도와달라고 했을 때 직접적인 도움을 주는 것보다는 말과 마음으로 잘되길 바라는 것을 가리킨다.

『여씨춘추』에는 "복숭아와 오얏이 길가에 드리워져 있어도 아무도 이를 당겨 따는 사람이 없었다桃李之垂行者, 莫之援也"라는 말이 나온다. 여기서 응援은 당긴다는 의미로 쓰였다. 『춘추좌전』 중 "오른손으로는 검을 어루만지고, 왼손으로는 띠를 당기며, 몰아나가게 명하였다右撫劍, 左援帶, 命驅之出"에서도 마찬가지의 의미로 쓰였다.

제갈량이 지은 병서 『장원將苑』에는 "만약 현명하거나 유능한 인재를 등용하고, 군량이 충분히 넉넉하며, 갑옷과 무기가 견고하고 예리하며, 주변 국가와 화목하고 대국의 지원을 받고 있는 적이라면 시일을 끌어 후일을 도모해야 한다若用賢授能, 糧食羨餘, 甲兵堅利, 四鄰和睦, 大國應援, 敵有此者, 引而計之"라고 쓰여 있다. 여기에서 '응원應援'이라는 한자가 보인다. 응원은 '원조를 받고 있다'는 뜻을 가진다.

지금은 응원이 대국의 원조나 지원을 받는 것으로 쓰이지 않는다. 경기에서 응원하는 것처럼 타인에게 좋은 일이 있기를 진심으로 바라는 마음을 가지는 것이다. 다른 사람이 잘되길 비는 마음은 누구나 가질 수 있지만 누구나 가질 수 없는 어려운 마음이다. 운동 경기에서 뛰어난 사람을 응원하는 것은 어렵지 않은 일이다. 하지만 가까운 곳에 있는 사람에게는 응원의 마음보다는 인색한 마음이 앞설 때가 있다. 멀리 있는 운동선수와 자신이 비교대상이 되지 않지만 가까이에 있는 사람들은 자신과 쉽게 비교되기 때문이다. 그래서 자신을 위축시킬 정도로 좋은 성과를 얻는 것에 대해 기꺼이 응원할 수 있는 사람은 드물다.

아이는 친구들이나 동생들을 응원하는 것을 좋아한다. 자신이 못하는 것을 남이 잘해도 안타까워하는 법이 없다. 놀이터에서 자주 뵙는 할머니는 매번 우리 아이가 남을 진심으로 응원할 줄 안다는 칭찬을 하신다. 그 말을 들은 나는 아이에 대해 '자기가 잘할 줄 알아야지 왜 다른 아이들을 응원하기만 할까, 심지어 동생보다 그네를 못 타면서 저러고 싶을까'라는 생각을 하고 말았다. 남을 기꺼이 응원하기보다 남을 보고 자기도 따라서 배웠으면 하는 마음이 앞섰던 것이다.

그런데 누군가를 진심으로 응원할 수 있는 마음은 어른이 되어서도 가지기가 어렵다. 평생의 숙제는 나를 소중히 할 줄 아는 것과 타인의 성취를 기뻐할 줄 아는 마음인 것 같다. 아이가 기꺼이 응원한 것은 그래서 잘못된 것이 아니라 내가 반드시 배워야 하는 좋은 태도인 것이다. 다른 사람이 잘되길 바라는 마음은 자신의 마음이 이미 넉넉하다는 것을 말해주는 것이고, 좋은 사람이 되는 한 걸음이기 때문이다.

· 45 ·

거절 拒絶

거절당하는 것은 어쩔 수 없다

거절은 어른이 되어도 감당하기가 힘든 일이다. 거절당할까봐 머뭇거리고 저어하는 경우가 한두 번이 아니다. 그러면서 아이에게는 끊임없이 거절의 경험을 하게 둔다. 혼자 놀이터에 가면 아이는 먼저 놀 만한 아이를 '물색物色'한다. 나에게 찾아와서 저 친구랑 놀아도 되냐고 물어보는 것은 나에게 용기를 달라는 소리다. 그럼 나는 "놀자고 말해봐, 거절당하면 어쩔 수 없고"라고 말해준다. 8할은 성공이지만 어쩔 수 없이 거절을 당하곤 한다. 아예 대답을 하지 않는 경우에는 아이가 무안해서 어찌할 바를 모른다. 하지만 대답을 못 하는 그 아이도 아마 갑자기 아주 당황했을 것이다.

거절은 '막을 거拒'와 '끊을 절絕'이 만나서 막고 끊는 것을 말한다. 상대편의 요구, 제안, 선물, 부탁 따위를 받아들이지 않고 물리치는 것을 뜻한다. 거절이라는 동사 앞에는 '완곡한'이라는 말도 있지만 '딱 잘라', '단칼에', '일언지하에', '무참히', '차갑게' 등의 부사가 자주 쓰인다. 그러나 실제로 이렇게 강하게 거절하는 경우는 흔치 않다. 거절당하는 것이 두렵고 자존심 상하는 일이기 때문에 거절하는 것을 어려워하는 사람도 많다.

"떠나가는 사람을 붙잡지 않고 오는 사람을 막지 않는다往者不追, 來者不拒." 『맹자』에 나오는 말로, 배우는 자들에 대한 맹자의 태도이다. 이것은 일반적인 관계에서도 적용해볼 수 있다. 『논어』 중에서 자하가 "내가 현명한 사람이 아니라면 사람들이 나를 거절할 것이니 [내가] 어떻게 남을 거절할 수 있겠는가我之不賢與, 人將拒我, 如之何其拒人也?"라고 말했다. 자하의 문인이 괜찮은 사람이면 사귀고 괜찮지 않은 사람이면 거절하는 것이 마땅하지 않느냐는 물음에 답한 것이다. 여기에서 '거拒'는 모두 거절이다.

『순자』에는 "그 뼈가 부러지고 근육이 끊어지더라도 죽을 때까지 거기에 가 닿을 수 없을 것이다其折骨絕筋, 終身不可以相及也"라는 문장이 있다. 여기에서 '절絕'은 끊어진다는 뜻이다. 순자는 목표를 세우면 느리든 빠르든 가 닿을 곳이 있지만 목표가 없으면 평생을 다 써도 도착할 곳이 없다고 말했다. 『논어』의 「자한子罕」에는 이런 말이 나온다. "공자께서는 네 가지를 절대 하지 않으셨다. 억측을 하지 않으셨고, 반드시 하겠다는 게 없으셨으며, 고집을 부리지 않으셨고, 나만이 옳다고 하지도 않으셨다子絕四: 毋意, 毋必, 毋固, 毋我." 여기서 끊는다絕는 것은 근절의 의미를 가진다.

거절을 당하면 마음이 힘들다. 거절한 사람과 경험을 공유하는 일은 수치스러운 일이기도 하다. 하지만 거절을 당해야 다른 사람의 마음이 나와 다르다는 것을 알 수 있다. 친구들의 마음이 다른 것을 이해하는 것, 내가 좋아도 다른 아이는 싫어할 수 있다는 것, 그런 것들을 알면서 굳은살이 좀 생겨야 건강한 마음을 가질 수 있지 않을까. 동시에 자신에게 고칠 점이 있다는 것도 알게 된다.

무엇보다 진심은 거절당해도 그 마음 자체가 사라지는 것은 아니라는 점을 아이가 알았으면 좋겠다. 거절 뒤에 미련을 가지지 않고 시원시원하게 마무리할 수 있도록 돕는 것이 내가 할 일인 것 같다. 거절은 누구나 빈번히 경험하는 것이기에 툭툭 털고 일어날 수 있는 힘을 가지는 것이 더 중요하다. 거절당하고 회복하면서 살아가는 것이 우리의 삶 아닐까.

· 46 ·

친구 親舊

진정으로 '아낄 수親' 있으려면 '오랜 시간舊'이 필요하다

나에게 친구의 의미는 어렸을 때부터 만나와서 거리낌 없는 사람이다. 30대가 지나고 나서 친구가 생기지 않는 것이 아쉽기도 하지만 때로는 마음 편하기도 하다. 친구는 소중하지만 친구 만들기는 무척이나 어려운 일이라는 것을 알게 되었기 때문이다. 그런데 아이가 자라면서 아이의 친구관계, 아이 친구의 엄마들과의 관계들이 생겨나기 시작했다. 내 친구는 아니지만 그럼에도 또 친근하게 대해야 하는 상대, 처음에는 어색해서 말 한마디를 편하게 못 나눴었다. 하지만 오랜 시간 같은 고민과 걱정을 나누다 보면 더 편한 관계가 될 수 있지 않을까.

친구는 '친할 친親'과 '옛 구舊'가 만나서 이루어진 말이다. 가깝게 오래 지낸 벗이라는 의미가 담겼다. 우리말로 친구는 '벗'이다. 관중과 포숙아의 우정을 말하는 관포지교管鮑之交에서는 나를 알아준다는 '지기

知己'와, 거문고의 명인 백아가 자기의 소리를 잘 이해해준 벗 종자기가 죽자 자신의 거문고를 끊었다는 백아절현伯牙絕絃에 나오는 '지음知音'은 모두 참다운 벗을 말한다.

『관자』에는 "새나 까마귀들은 잘 모이기는 하나 서로 아낄 줄은 모른다烏集之交, 雖善不親"라는 말이 나온다. 까마귀 떼의 사귐은 처음에는 좋아해도 나중에는 반드시 서로 질타한다는 것이다. 이어서 "겉으로만 좋아하는 벗은 아껴주지 않음과 같다見與之友, 幾於不親"라고도 한다. 관포지교의 주인공인 만큼 관자에는 사귐에 대한 생각이 많이 나온다. 여기에서 친親은 모두 아껴준다는 의미를 가진다.

『춘추좌전』「문공6년」에 "진나라는 오랜 우호국입니다. … 우호를 맺으면 나라가 안정됩니다秦舊好也. … 結舊則安"라는 글귀가 있다. 같은 책 「장공27년」에는 "가을에 공자 우가 진나라로 가서 원중을 장사지냈는데 예에 합당하지 않았다. 원중은 계우의 친구이다秋, 公子友如陳葬原仲, 非禮也. 原仲, 季友之舊也"라는 구절이 나온다. 여기에서는 '옛 구舊' 한자가 오랫동안 교류의 정을 맺는 것, '오랜 친구'를 가리킨다.

중국에서는 친구를 '벗 붕朋'과 '벗 우友'를 써서 '펑요우朋友'라고 한다. 일본어로는 '도모다치友達'라고 한다. 두 나라 모두 오래 교류했다는 것을 강조하는 표현을 쓰지 않는다. 『사기』의 「노중련 · 추양열전」에는 "백발이 되도록 사귀어도 새로 사귄 친구 같고, 만난 지 얼마 안 돼도 오랜 친구 같다白頭如新 傾蓋如故"라는 말이 있다. 그만큼 시간보다는 서로의 가치관이 맞는 사람을 만나야 진정한 친구가 될 수 있다는 말이다. 시간보다는 생각이 통해야 참다운 우정을 쌓을 수 있다는 것이다.

한때는 마음에 맞는 사람이 곧 진정한 친구라는 정의에 의심의 여지가 없었다. 시간이 지나면서 생각이 달라지면 그 인연도 사라지게 되는 것이라고 받아들이게 되었다. 그런데 오랜 시간 쌓아온 우정은 생각이 달라졌다고 해서 순식간에 사라지는 것이 아니다. 생각이 일치해서 단번에 사귄 친구는 생각이 달라지면 단번에 사라지기 마련이다. 또 서로 실수를 인정해줄 만큼의 관용을 가지기도 어렵다. 나에게서 보이는 잘못된 것들을 여전히 감싸주고 이해해줄 수 있는 사람은 오래된 친구들뿐이다. 그래서 '오랫동안 아끼는 사이'라는 뜻을 가진 '친구親舊'의 의미를 새기게 된다. 오랜 시간의 도움을 받으면 다름과 틀림을 모두 넘어설 수 있는 진정한 친구를 만날 수 있는 것이다.

4장

대화對話에서 찾은 한자

대對에는 대답하다, 다루다, 만나다, 향한다는 의미가 있다. 화話는 말씀을 이른다. 대화는 서로를 마주하고 이야기를 나누는 것이다. 의견을 주고받으면서 이해를 도모하고 합의에 이를 수 있도록 하는 것도 대화다. 대對는 대책이라는 의미도 가진다. 마주보고 말을 하기만 해도 해결되는 것이 있다는 것이다. 다른 의견을 가진 사람을 향해 앉아 그 이야기를 경청하는 일은 무척이나 어려운 일이다. 하지만 그것을 참아내기만 해도 감정이 누그러지고 많은 것이 이해된다. 그래서 대화는 어떤 목적에 도달하기 위한 수단이 아니라 그 자체로도 커다란 목적이 되어주는 행위다.

나는 아이와 대화를 많이 한다. 아이의 이야기뿐만 아니라 내 개인적인 고민도 아이에게 털어놓는다. 한번은 출판사에 글을 투고한 후에 답이 빨리 오지 않아서 걱정이 된다는 말을 했다. 그때 아이가 "엄마가 하고 싶은 대로 글을 썼으면 됐지……"라고 말하는 것이었다. 나를 위한 글을 쓴다고 그렇게 스스로를 다독였으면서도 답이 오지 않으니 불안한 마음이 들었다. 아이에게 그 말을 들으니 초조한 마음이 녹아내렸다. 아이가 나에게 한 말은 내가 평소에 아이에게 자주 하는 말이었다. 그 말을 아이의 입을 통해서 듣게 되니 다시금 아이가 나의 거울이라는 생각이 들었다. 이처럼 아이와의 대화는 내 마음속의 진심을 다시금 꺼내 볼 수 있는 일이기도 하다.

· 47 ·

지금 只今

오직 현재

지금이라는 말은 아이가 말을 배우기 시작하면서 가장 많이 쓴 말 중의 하나다. 뭔가를 원할 때 '지금', '지금'이라고 외치지 않을 때가 없었다. 물을 마시고 싶어도, 어디를 가고 싶어도 언제나 지금이었던 것이다. 왜 아이들은 조금도 기다려주지 못할까. 나중이라는 것의 의미를 왜 이해하지 못할까. 지금이 지나면 나중은 지금과 다를 수 있다는 것을 직감적으로 알기 때문이었을까.

지금이라는 한자는 '현재現在'라는 말만 가지고 있지 않다. 지금은 현재를 의미하는 '금今' 앞에 단지, 오직이라는 뜻의 '지只' 자가 붙어 있는 형태다. 따라서 지금을 직역하면 현재가 아니라 '오직 현재'라고 할 수 있다. 지금이라는 한자가 더욱 재미있게 느껴지는 것은 단지라는 말로 강조를 더했다는 것이다. 오직 지금밖에 없는 것, 과거도 미래도 어쩔 도리가 없지만 오직 현재만큼은 내가 살아가고자 하는 대로 살아갈 수 있다는 의미가 읽힌다.

"지금은 단지 강서의 저 달만 남아 있으니, 이달은 일찍이 오왕 궁궐 속의 사람(서시西施)도 비추었겠지只今唯有西江月, 曾照吳王宮裏人." 이백의 시 '소대남고蘇臺覽古' 중에서 지금이라는 단어가 보인다. 이백은 궁정에서 쫓겨나서 오나라와 월나라의 옛 고적들을 둘러보며 과거의 영화는 다 사라지고 지금은 오직 서쪽의 강을 비추는 달만이 남았다며 인생의 덧없음을 노래하고 있다.

오왕 부차는 서시와 함께 고소대에서 날마다 물놀이를 즐기며 지냈지만 후에 월나라 구천이 불을 질러 황폐해졌다. 오나라에 복수를 했던 월나라마저도 모두 지나가버린 과거에 지나지 않는 것이다. 이백은 자신에게 놓인 현재를 '오직 지只'를 이용해서 강조했다. 이것은 현재를 중시해서가 아니라 잃어버린 과거, 영광스러운 추억을 아쉬워하는 마음을 표현하는 수단이었던 것이다.

과거와 미래에 대한 생각으로 가득 채우면 모든 것은 인생의 덧없음으로 환원되기 마련이다. 과거가 화려하더라도 오직 현재의 의미를 찾지 못한다면 모든 것은 의미가 없는 것이 되어버리는 것이다. 그럼에도 '오직 현재'를 생각하면서 살아가는 사람은 별로 없다. 젊을 때는 미래를 더욱 중요하게 생각하고, 나이가 들면 들수록 과거에 대한 생각들이 많아지는 것 같다. 그러나 단지 내 앞에 놓여 있는 것, 그래서 가장 중요하게 여겨야 하는 것은 지금이라는 생각이 든다. 아이는 과거와 미래에 대한 관념이 없으니 언제나 지금을 외쳤을 것이 당연하다. 어쩌면 그것이 어른들보다 더욱 현명한 태도가 아니었을까. 몇 분 이후의 나중에 대해서도 확신하기가 어려운 것이 삶의 모습이기 때문이다.

지금이라는 말에 단지라는 강조어가 붙은 이유를 생각해본다. 영광스러운 과거도 불안한 미래도 혹은 그와 반대되는 것들이라도 나에게 오직 현재보다 더 중요한 것은 없다. 인생의 덧없음은 과거와 미래에 발목 잡혀서 쉽게 범하는 인간의 어리석음이 아닐까. 단지 현재에 마음을 쏟고 그것을 더 아낄 수 있다면 그것이 좋은 과거와 더 나은 미래를 엮어낼 수 있지 않을까. 과거는 현재를 어떻게 사느냐에 따라 달리 해석할 수 있고, 미래도 마찬가지로 내가 발을 디디는 대로 변화할 수 있는 것이기 때문이다. 오직 현재, 그것을 붙잡고 무심코 흘려보내지 않으면 허무하다는 푸념에서 조금은 거리를 둘 수 있을 것이다.

· 48 ·

농담 弄談

'농담弄談'에 대한 '농담濃淡, 짙음과 옅음'에 대해

농담을 주고받는 것이 즐거운 일일까. 농담을 즐겨 하는 성격이 있는 반면에 농담을 잘 받아들이지 못하는 성격도 있다. 농담을 진담으로 받는 사람에게 대개 고지식하다는 표현을 쓴다. 화자의 의도를 알아채지 못하고 축자적으로 받아들였기 때문에 유연하지 못한 태도를 가졌다는 것이다.

농담은 희롱한다는 의미의 '농弄'과 말씀 '담談'이 만나서 이루어진 말이다. 한자로 해석하면 '희롱하는 말'이라는 뜻이다. 희롱이라는 의미를 생각해보면 농담은 즐겁고 재미있는 의미만을 가졌다고 할 수 없다. 농담 앞에는 '실없는'이나 '객쩍은'이라는 형용사가 붙고, 농담에서 '말씀 담'을 제거한 후 '농弄지거리'라고 비하하는 말로 사용하기도 한다. 또는 '농담이 진담 된다'처럼 아무리 실없는 말이라고 해도 농담 안에는 평소의 생각이 들어 있을 수 있기 때문에 쉽게 내뱉어선 안 된다는 의미가 있다. '농담 반 진담 반'이라는 말도 농담 안에 어느 정도 진심이 포함될 수 있기에 어떤 말에도 책임이 있다는 것을 이른다.

'농弄'이라는 한자는 『사기』의 「사마상여열전司馬相如列傳」에서 악기를 연주할 때 보인다. 과부가 된 탁왕손의 딸 문군을 사로잡기 위해 사마상여가 거문고를 타는 모습에서 나온다. 사마상여가 "탁씨 집에서 술을 마시며 거문고를 탈 때及飮卓氏, 弄琴"에서 농은 진지하게 연주하는 것이 아니라 대수롭지 않게, 대충, 멋대로 하는 것을 말한다. 여자의 환심을 사기 위해서 희롱하는 것처럼 튕기는 모습을 나타내는 것이다.

그래서 '농'에는 진지함이라는 것이 없다. 문군은 사마상여의 희롱에 넘어가서 함께 술장사를 하면서 살게 된다. 이에 아버지가 어쩔 수 없이 둘의 관계를 인정하고 집과 전답을 주어 편안하게 살도록 해주었다고 한다. 그들의 사랑에 대해 운운할 바는 아니지만 사랑의 시작에 진실함보다 희롱하는 태도가 있었다는 것에는 안타까운 마음이 들기도 한다.

농담은 희롱한다는 점에서는 가볍지만 말이라는 점에서는 무게를 지닌다. 남을 놀린다는 점에서는 옅지만 그것이 말의 특성상 주워 담을 수 없다는 점에서 짙다고 할 수 있다. 특히나 농담을 나누는 것이 부모와 자녀의 관계라면 농담이 가진 짙은 의미에 대해서 생각해볼 점이 있는 것 같다. 부모의 말은 아이에게 천금 이상의 무게를 가진다. 살아가면서 부모만큼이나 사랑을 줄 수 있는 존재가 없는 것처럼 부모만큼 아이에게 상처를 줄 수 있는 사람도 없기 때문이다.

아이를 하나의 인격체로 대해야 한다는 말을 자주 듣게 된다. 아이가 하나의 인격체이기 때문에 존중해야 한다고 한다. 그러한 독립적이고 온전한 인격체임에도 불구하고 어른이 된 지금의 나도 부모의 말 한마디를 허투루 넘길 수 없다. 그런 의미에서 부모의 말이라는 것에는 언제가 무게가 있어야 한다는 생각이 든다. 그래서 아이에게 나도 쉽게 농담을 하고 싶지 않다. 특히 마음을 아프게 해놓고 농담이라고 변명해서는 안 된다. 살아가면서 아이에게 상처를 주지 않을 수는 없겠지만 그것이 잘못되었다는 것, 그것을 깨끗하게 인정할 수 있는 부모가 되고 싶다.

농담에는 결코 옅은 의미만 있지 않다는 것을 나는 경험으로 어렵지 않게 알고 있다. 농담이 가지고 있는 농도의 의미, 그것을 모른 척하지 않고 솔직하게 사과할 수 있는 어른이 되고 싶다.

· 49 ·

방법 方法

언제나 방법이 있다는 믿음

언제부턴가 아이가 "좋은 방법이 있어"라는 말을 자주 쓴다. 좋은 방법이 뭘까 은근히 솔깃한 마음이 들지만 듣고 나면 좋은 방법은커녕 방법이라고 볼 수 없을 때도 많다. 방법이 아닌데 왜 방법이 있다고 말할까. 아이가 그렇게 말하는 순간 모두 아이의 입에 집중한다. 아무래도 그 말이 자기에게 집중할 수 있는 힘을 지닌다는 것을 알게 되었기 때문인 것 같다. 어떤 상황에서도 좋은 방법은 사람들의 시선을 끄는데는 도움이 되기 때문이다. 문제는 그 말을 친구들에게도 한다는 점이다. 집중했다가 별게 아닌 대답이 나오면 모두들 어리둥절한 표정을 짓는 아이의 친구들을 보면 실소를 금치 못한다.

'방方'은 네모를 의미하는 '모 방'이다. 네모는 동서남북 네 방향을 가리킨다. 그래서 방향을 나타내는 '방위 방'이라고도 한다. 방법에서 말하는 '법法'은 수단이나 방식을 이른다. '분류법', '용법'같이 수단을 가리키는 것이지 헌법이나 법전을 의미하는 법 자체를 가리키는 것은 아니다. 어려움을 해결하기 위해서는 길을 찾아야 한다. 그래서 사방에서 길을 찾는 과정이 방법이라고 할 수 있는 것이다.

『묵자』에 방법이라는 단어가 등장한다. 여기에서 방이라는 한자가 네모반듯한 것, 방향과 관련이 있다는 것을 알 수 있다. "'내 곱자에 맞으면 네모반듯하다고 일컫고 내 곱자에 맞지 않으면 반듯하지 않다고 일컫는다'라고 한다. 이런 까닭에 네모반듯하고 반듯하지 않은 것을 모두 알 수가 있다. 이것은 까닭이 무엇인가? 네모반듯한 것을 재는 방법이 분명하기 때문이다中吾矩者, 謂之方. 不中吾矩者, 謂之不方. 是以方與不方, 皆可得而知之. 此其故何? 則方法明也." 곱자라는 것은 기역 모양의 자를 말한다. 네모반듯하게 만드는 방법은 곱자로부터 얻어지는 것이다. 묵자는 하늘의 뜻이 목수의 곱자처럼 반듯한 방법이라고 생각한다. 그래서 하늘의 뜻을 따르는 것이 민을 이롭게 하는 '의義'의 법칙이라고 주장한다. 의로운 법칙을 따르기만 하면 저절로 옳은 길로 가게 된다는 것이다.

아이가 언제나 좋은 방법이 있다고 말하는 것은 그래서 어쩌면 옳은 말일 수도 있다는 생각이 든다. 아이의 말 한마디, "방법이 있다"는 이 말만 들어도 마음이 확 달라지고 분위기가 전환되기 때문이다. 살다 보면 사방이 꽉 막힌 것 같은 답답하고 암울한 순간이 찾아온다. 그런데 또 시간이 지나면 혹은 그냥 그렇게 살다 보면 문제가 달라지는 경험을 하게 된다. 그런 의미에서 삶에는 언제나 방법이 있는 것은 아닌가 하는 생각이 든다. 살다 보면 마주하는 어려움 속에서도 방법이 있다고 생각하는 것만으로도 조금은 위안이 되기 때문이다.

아이가 좋은 방법이 있다고 말하는 것은 자기의 말을 집중할 수 있게 만드는 좋은 방법이기도 하다. 뒤에 아무 말이 덧붙여지지 않아도, 혹은 얼토당토아니한 이야기를 하더라도 본인이 원하는 방향으로 어려움을 해결했다고 볼 수도 있는 것이 아닐까. 그런 임기응변에서도 배울 점은 있다. 실제로는 방법이 없어도 방법이 있다고 여기는 믿음, 삶에 대한 긍정적인 마음이 삶에 더욱 직접적인 도움이 되기도 하니까.

네모반듯한 것을 재는 분명한 방법이 있는 것처럼 삶에도 분명히 방법이 있다. 그래서 방법이 없어도 우선 방법이 있다고 생각하는 것이 좋다.

· 50 ·

망亡하다 | 亡

망할까, 망할까 걱정하는 마음

'망했다'. 일상적으로 자주 쓰이는 말이다. 나는 실수를 저지르거나 일이 잘못되면 아이에게 "엄마 망했어"라고 한다. 그러면 아이는 무척이나 재미있어한다. 엄마의 실수가 그렇게 고소할 수가 없나 보다. 엄마가 가르치고 혼내는 사람인 줄 알았는데 자신과 똑같이 부족한 인간이라는 것을 알게 되는 것 같다. 그런데 나도 그렇게 거친 말로 실패를 인정하면 마음이 편해진다. 그 일이 잘못으로만 남지 않고 재미있는 에피소드로 남기 때문이다.

망亡은 '잃다', '잊다', '죽다'의 의미가 있다. 멸망滅亡이나 도망逃亡에도 '망할 망亡'이 쓰인다. 입술이 없으면 이가 시리다는 '순망치한脣亡齒寒'과 달아난 양을 찾다가 여러 갈래의 길 앞에서 길을 잃었다는 '망양지탄亡羊之歎'에서도 '잃다'라는 의미로 사용되었다. '망할 녀석'이나 '망할 놈의 세상'이라는 말도 있다. 고전에서는 일상적으로 사용되는 가벼운 의미가 아니라 죽음이나 멸망처럼 무거운 의미가 더 많이 보인다.

『논어』의 구절 "안회라는 자가 있어 배우기를 좋아했으나 불행히도 명이 짧아 죽어, 지금은 [그런 사람이] 없습니다有顔回者好學, 不幸短命死矣, 今也則亡"에서는 죽어서 없다는 뜻으로 쓰였다.

『주역』「계사 하」에는 "위험은 자리에 편안히 있을 때, 멸망은 잘 유지되고 있을 때, 변란은 잘 다스려지고 있을 때 그 씨앗이 생긴다危者, 安其位者也. 亡者, 保其存者也. 亂者, 有其治者也"라는 말이 나온다. 편안할 때는 위험을 생각하고, 얻었을 때는 잃을 때를 생각해야 한다는 말이다. 『주역』의 비괘否卦에도 이와 같이 경계해야 한다는 의미가 나온다. "망할까, 망할까 염려해야, 뽕나무 뿌리 무더기에 묶어놓을 듯할 것이다其亡其亡, 繫於苞桑." 이 구절은 언제나 경계하는 마음을 가지고 살아야 한다는 말이다.

신기하게도 남편이나 친구에게 아이의 기질이 이러이러하다고 칭찬하면 그날 아이가 완전히 다른 모습을 보인다. 인사성이 바르다고 그렇게 칭찬을 했는데 오늘 아침에는 옆집 아주머니의 인사에 우물쭈물 대답도 잘 못 하는 것이다. 아이를 기르는 것이 조금 쉬워졌다고 느끼는 순간 곧바로 또 다른 어려움이 찾아온다. 그래서 아이에 대해 쉽게 규정을 하거나 마음을 놓을 수 없다는 것을 알게 되었다. 부모가 되니 아이에게 일관된 모습을 바라게 된다. 그러나 나의 마음이나 행동이 일관되지 않다는 것을 알게 되면 아이의 모습은 놀랄 일도 아니다.

'망할까, 망할까' 염려하는 것은 아이가 '잘못될까, 잘못될까' 노심초사하는 것과 다르지 않다. 아이가 잘 자랄 것이라고 믿어주는 것이 중요한 것처럼, 잘못된 길로 가지 않을까, 잘못된 행동을 하지 않을까 언제나 걱정스러운 마음을 가져야 하는 것이 부모의 역할이다. 아이에게 칭찬할 일이 생겨도 겸손한 마음이 들지 않을까봐, 아이가 값비싼 선물을 받아도 물건이 아이의 마음에 좋지 않은 영향을 주면 어쩌나 마음이 쓰인다. 아이에 관한 일에는 좋아도 나빠도 걱정이 되지 않는 것이 없다. 아이가 성장해서 어른이 되어도 경계하는 마음을 놓을 수 없을까. 어려서는 할머니의 자식 걱정이 이해되지 않았는데 이제야 조금은 알 것 같다. 부모에게 있어 자식에게 보내는 '망亡'은 악담이 아니라 사랑인 듯하다.

· 51 ·

다행 多幸

행운이 많은 것에 대해

"휴, 다행이다"라고 하면서 안도의 한숨을 내쉬곤 한다. 아이가 넘어졌을 때 크게 다치지 않아도 다행이고, 잘못이 잘 마무리되어도 다행이다. '다행이네'라는 말이 습관처럼 입에 붙은 것 같다. 특별한 의미 없이도 그냥 '잘됐다'라는 의미에서도 자주 쓰는 것 같다. 다행이라는 말을 의식하고 나서 보니 하루에도 몇 번씩 내 입에서 '다행이네'라는 말이 나오는 것을 알 수 있었다.

다행은 '많은 다多'와 '행복할 행幸'이 만나서 '좋은 일이 많다'라고 해석될 수 있다. 하지만 좋은 일이 많다는 의미가 아니라 뜻밖에 일이 잘되어서 좋은 것이라는 의미를 가진다. 그래서 '천만다행'이라든지, '생각지 못했는데 다행'이라고 말하는 것이다. '행'이라는 한자 안에는 '요행僥倖'이라는 뜻도 있다. 즉 행복을 바라는 마음, 뜻밖에 얻는 행운이라는 뜻도 가진다는 것을 알 수 있다. 고전에서는 '행복幸福'보다는 '요행徼倖'으로 더 많이 쓰인다.

『춘추좌전』에는 "훌륭한 사람이 위에 있으면 그 나라에는 요행을 바라는 백성들이 없게 된다. 속담에 이르기를 '백성들에게 요행심이 많은 것은 나라의 불행'이라고 한다善人在上, 則國無幸民. 諺曰: '民之多幸 國之不幸也'"라는 말이 나온다. 다행은 요행심이 많다는 것을 말한다. 뜻밖의 운에 기대는 백성이 많다는 것은 위에 훌륭한 지도자가 없기 때문이라는 것이다.

『중용』에서는 "군자는 평이하게 살면서 천명을 기다리고, 소인은 험난하게 행하면서 요행을 바란다君子居易以俟命, 小人行險以徼幸"라고 한다. 요행을 바라지 말고 묵묵히 자기의 할 일을 하면서 기다리는 것이 군자가 할 일이라는 것이다.

뜻밖의 운에 기대는 것은 불확실성에 무게를 두는 일이다. 열심히 노력한 만큼 성과가 온다면 누구도 불확실한 것에 기대를 걸지 않을 테지만, 현실이 그 반대라면 누구라도 허황된 꿈에 희망을 걸 수밖에 없다. 그래서 정치는 사람들에게 믿음과 확실성을 심어주고 요행과 거리를 두도록 하는 데에 목적이 있다. 그래야 일확천금을 꿈꾸지 않고 각자 본분을 다하면서 살아갈 수 있다.

누구나 행복을 꿈꾼다. 그러나 행幸이라는 한자에 운수運數가 포함된다는 것을 알게 되면 막연히 행복을 꿈꾸는 것에 대해 다시 생각해보게 된다. 요행을 바라는 것이 옳은 삶의 태도는 아니다. 뜻밖에 얻는 기쁨보다 스스로 만들어내기 위한 노력 그 자체가 즐거움이 되어야 한다. 삶을 그저 진지하게 꾸려가는 것, 그 안에서 만족을 찾는 것이 행운보다 유익하다.

부모는 아이가 노력하지 않았는데 운이 좋았던 일에 대해 무턱대고 좋아할 수 없다. 아주 작은 것에서도 요행을 바라는 마음이 앞설까 두려운 마음이 들기 때문이다. 어려서는 상관없다고 해도 그런 경험들이 자꾸 쌓이다 보면 어른이 되어서 큰 어려움 앞에서 감당할 수 없게 될 것이다. 내 아이가 요행심을 가지고 막연하게 바라는 사람이 아니라 오롯이 자기의 힘으로 얻어낸 결과를 기쁨으로 여겼으면 좋겠다. 그래서 특히 어렸을 때는 뜻하지 않는 운이 찾아오는 것보다 차라리 자기의 힘으로 실패하는 것이 낫다고 생각한다. 행운은 노력하는 사람에게만 온다는 것을 알고 자신을 믿고 의지하는 데에 마음을 기울였으면 좋겠다. 요행으로 얻은 것은 쉽게 사라지기 마련이다.

· 52 ·

완벽 完璧

완벽에도 흠이 있다

나는 완벽하다는 말을 대개 장난스럽게만 사용한다. 아이에게 벌써 완벽을 기하고, 완벽을 추구하도록 해야 할 일은 없기 때문이다. 그래서 싫다와 좋다 앞에 완전이나 완벽을 붙일 뿐 칭찬이나 평가를 할 때는 사용하지 않는다. 왜냐하면 완벽하다는 칭찬은 불완전하다는 불안감에 마음을 쏟게 만들고, 큰 장점보다는 작은 단점에 몰입하게 만들기 때문이다.

완벽完璧은 '완전할 완完'과 '옥 벽璧'이 만나서 흠이 없는 옥을 말한다. '완전完全'이라는 말도 유사하게 쓰이고, 순우리말로는 '오롯하다'라는 표현이 있다. 전국시대 조나라의 인상여가 진秦나라의 소양왕에게 목숨을 걸고 '화씨의 벽和氏之璧'을 되돌려 받았다는 데에서 유래한다. 진나라는 진나라의 성 열다섯 개와 화씨벽을 바꾸자고 요청한다. 인상여는 진나라가 성을 내주지 않을 것임을 눈치채고 "이 화씨벽에는 작은 흠이 하나 있는데 대왕께 그것을 가르쳐 드리길 청하옵니다"라고 말해 되돌려 받는다. 만일 강제로 뺏으려 한다면 자신의 머리와 화씨벽이 함께 기둥에 부딪쳐 깨질 것이라고 화를 내어 소공을 당황하게 만든다. 그리고 사인을 시켜 몰래 조나라로 화씨벽을 숨겨 가져가도록 한다. 진나라는 인상여를 죽인다고 해도 화씨벽을 돌려받지도 못하고 조나라와의 우호만 상하기에 어쩔 수 없이 인상여를 극진히 대접해서 돌려보낸다.

조나라 왕이 인상여에게 진나라에 다녀오라고 할 때 인상여는 "성이 조나라의 손에 들어오면 화씨벽을 진나라에 두고 오지만, 성이 조나라에 들어오지 않으면 화씨벽을 온전하게 가지고 조나라로 돌아오겠습니다城入趙而璧留秦. 城不入, 臣請完璧歸趙"라고 대답한다. 『사기』의 이 일화에서 화씨의 벽이 온전하게 조나라로 돌아온다는 '완벽귀조完璧歸趙'라는 말이 생겨났다.

완벽이라는 말은 본래 흠이 없는 옥이 아니라 진나라에서 흠이 없이 다시 돌아왔다는 것을 말한다. 『여씨춘추』에 "한 자尺 되는 나무에는 반드시 옹이가 있기 마련이고, 한 치寸 되는 옥에는 반드시 티가 있다尺之木必有節目, 寸之玉必有瑕璃"라는 말이 있다. 옹이가 있다고 목재를 쓸 수 없는 것도 아니고, 작은 흠이 옥의 아름다움을 해치지 않는다. 단점을 집어내면서 흠을 찾아내는 것은 어리석은 일이라는 것이다. 사람도 마찬가지다. 사람이 가진 나쁜 점이 좋은 점을 해치지 않는다면 그 사람은 곧 좋은 사람인 것이다.

아름다운 화씨벽에도 흠이 있는데, 나는 때로 완벽한 부모가 될 수 있다는 착각을 하곤 한다. 부모가 되니 아이에게 좋은 본보기가 되어야 한다는 부담감이 생기기도 했다. 나아가서 내 아이가 인성이 완벽하고, 학업 능력도 뛰어났으면 좋겠다는 바람을 가지기도 한다. 하지만 아이도 나도 언제나 나약하고 흔들리는 사람일 뿐이라는 사실을 인정할 수밖에 없다. 완벽하거나 완전무결한 사람이 존재할 수 없는 것처럼 그런 부모는 없다. 더 나아가 아이에게 그런 모습을 기대하는 것은 더욱 잘못된 일이다.

때로 나는 아이에게 엄마의 마음이 온전하지 않고, 잘하지 못하는 것과 싫어하는 것이 있다는 것을 솔직하게 얘기한다. 그러면 예상과 달리 아이가 경청하는 모습을 보인다. 아이가 부모의 완벽함보다는 부족함을 보고 스스로도 완벽의 늪에 빠지지 말았으면 좋겠다. 그리고 여유로운 마음으로 타인을 대할 수 있었으면 좋겠다.

· 53 ·

여유 餘裕

어린 시절의 여유로움

아이가 유치원을 몇 달 쉰 적이 있다. 유치원에 다시 가야 한다고 말하니 대성통곡을 하며 아무 데도 안 가고 집에 있고 싶다고 하는 것이다. 이유를 물으니 "집에서 여유롭게 살고 싶다"라고 대답하는 것이다. 내가 봤을 때는 이미 충분히 여유가 있는 것 같지만 아이 입장에서는 그렇지 않은 것이었다. 아이가 생각하는 여유는 아무것도 하지 않는 것을 말한다고 한다. 그런데 또 놀이터에 가야 할 때는 정반대 입장이 된다. 매일 놀이터에 가고, 지나치게 오랜 시간을 노는 바람에 나에게 도무지 여유가 생기지 않는다.

여유는 '남을 여餘'와 '넉넉할 유裕'가 만나서 이루어진 말이다. 뭐든지 넉넉하여 남음이 있다는 뜻이다. 돈이 많아도 여유가 있는 것이고, 시간이 많아도 여유로운 것이고, 공간이 넓어도 물건을 놓을 여유가 생긴다. 성격에 대해 여유가 있다고 하면 마음이 너그럽고 포용할 줄 아는 것을 가리킨다. 경제적으로, 시간적으로 바쁠 때도 여유를 가질 수 있다면 대단히 현명한 사람이라고 할 수 있다.

맹자는 "나는 일정한 직책을 맡은 것도 없고 진언할 책임도 없으니, 내가 나아가고 물러남에 있어서 어찌 넉넉히 여유가 있지 않겠는가我無官守, 我無言責也, 則吾進退, 豈不綽綽然有餘裕哉?"라고 했다. 맹자가 거취를 정하지 않고 왕에게 진언도 하지 않는 것이냐는 주위의 힐난이 있자 이에 대해 맹자가 대답한 것이다.

순자는 "나라가 풍족해지는 방법은 비용을 절약하여 민을 넉넉하게 하고 그 나머지를 잘 저장하는 데 있다足國之道, 節用裕民, 而善臧其餘"라고 했다. 여기서 '유'는 풍족함을 말하고, '여'는 나머지를 말한다. 도연명의 시 '빈방은 여유와 한가로움이 넘치니虛室有餘閒'에서도 여유로 쓰였다.

아이가 말한 것처럼 여유로운 삶은 누구나 바라는 바다. 그런데 어른이 되면 여유로운 삶을 동경하면서도 한편으로는 여유가 없이 바쁜 삶이 옳다고 생각하게 된다. 실체가 있든 없든 바쁘다고 말하는 사람이 여유가 있다고 말하는 사람보다 더 인정을 받는다. 시간이 많거나 자기가 통제할 수 있는 시간을 많이 가진 사람보다 그렇지 못한 사람을 더 응원하고 또 그렇게 사는 게 옳은 삶이라고 여기는 것이다. 그래서 나도 언제부턴가 바쁘다고 말하는 습관이 생겼다. 여유롭다고 하면 하릴

없는 사람이 되는 것 같고, 핀잔이나 비아냥을 들어야 한다.

아이가 원하는 정도의 여유는 아닐지라도 부모가 할 수 있는 만큼은 최대한 여유로운 어린 시절을 보낼 수 있도록 돕고 싶다. 삶의 경중을 따지는 연습을 하지 않으면 아이의 삶도 쉽게 포화상태에 이르게 된다. 어린 시절은 누구보다 부모의 의지로 아이의 시간이 꾸려지는 것이기에 더욱 마음을 쓰지 않을 수 없다. 반드시 배우고 익혀야 할 것은 포기할 수 없지만 무엇보다 하지 않아도 되는 것이 무엇인지 고민해보아야 한다.

아이가 좋아하는 놀이 중에 '엄마와 데굴데굴'이라는 것이 있다. 하릴없이 누워 있는 것을 무척이나 좋아한다. 아이에게도 언젠가 여유가 없는 시간이 찾아올 것이고, 박차를 가해야 하는 때가 있을 것이다. 가지가 많은 나무는 쉽게 바람에 흔들린다. 어린 시절의 여유로운 삶이 어려운 순간에 조급한 마음보다는 굳건한 마음을 가질 수 있는 바탕이 되어주기를 바란다.

· 54 ·

고집 固執

단단하게 잡고 가는 힘

아이에게 고집을 부리면 안 된다는 말을 자주 한다. 추운 날에 여름 옷을 입겠다고 하거나 놀이터에 갈 때 불편한 구두를 신는다고 고집을 부리면 어떻게 지도해야 할지 망설이게 된다. 하지만 자기가 고집한 것에 대해 책임을 져야 한다는 것을 알게 되면서 고집을 꺾어야 할 때가 있다는 것을 스스로 깨닫고 있다. 놀이터에 구두를 신고 가서 아픔을 견뎌보고 얇은 옷을 입고 추위를 참는 경험을 하면서 그러한 고집은 내려놓게 되었다.

고집은 '굳을 고固'와 '잡을 집執'이 만나서 이루어진 말이다. 고집은 자기 의견을 바꾸거나 고치지 않고 굳게 버티는 것을 말한다. 좋은 것과 옳은 것에 대한 고집은 칭찬할 만한 일이지만 쓸데없는 것에 대해 유연함이 없는 것은 '고집불통固執不通'이라는 비판을 받는다. 이유도 없이 공연히 부리는 고집을 '생고집生固執'이라고 하고, 고집이 몹시 센 사람은 '황고집黃固執', 억지가 심한 고집을 '옹고집壅固執'이라고 한다. 내가 아이에게 고집부리지 말라는 말을 자주 하는 것처럼 생활 속에서는 좋은 것보다는 좋지 않은 뜻으로 쓰인다.

『중용』에는 "성실히 하려는 것은 선을 택하여 굳게 잡는 것이다誠之者, 擇善而固執之者也"라는 말이 나온다. 성실한 것은 타고나는 것이 아니라 선한 것을 고집스럽게 행하는 데에서 얻어질 수 있다는 것이다.

『후한서後漢書』「한릉전韓棱傳」에는 "두태후가 화를 내며 심하게 질책함에도 한릉은 그 뜻을 고집했다竇太后怒, 以切責棱, 棱固執其議"라는 구절이 있다. 한릉은 권세 앞에서도 뜻을 견지하는 사람이었다. 여기에서는 고집이 좋은 의미로 쓰였다.

좋은 일에는 고집스러움이 장점이 되고, 좋지 않은 일에는 고집스러움이 단점이 된다. 하지만 좋은 것과 좋지 않은 것이 명확하게 구분되는 일이 얼마나 있을까. 그러나 자기가 성취하고자 하는 일 앞에서 고집은 장점을 발휘한다. 시류는 지나치게 빨리 변하고, 사람들의 생각도 손바닥 뒤집히듯이 바뀌는 세상이다. 고집을 마음에 품고 있지 않으면 작은 것 하나 이룰 수 없는 환경이 된 것이다. 고집이 좋지 않은 의미로 더 많이 쓰이는 이유는 시류에 맞는 사람이 되는 것이 미덕인 사회이기 때문이다. 하지만 그러한 시류에 내맡기는 것은 삶의 전체를 놓고 보면 그렇게 도움이 되는 일도 아니다. 진심으로 자기가 좋아하는 일이 아니면 시류와 부합해도 지속할 수 없다. 단단히 잡을 수 있는 무엇이 없으면 이리저리 휩쓸리며 살 수밖에 없다.

어렸을 때 떼를 부리는 것도 고집이지만 자기의 것을 이루기 위한 강한 마음도 고집이다. 애초에 옳은 선택이라는 것은 없다. 옳은 선택으로 이끌 수 있는 힘은 고집스러움에서 나오는 것이다. 원하는 것을 위해 굳건히 잡고 나가는 것이 곧 성실함이다. 『중용』에서는 "성실함이란 만물의 끝과 시작이니, 성실하지 않으면 [어떤] 만물도 없게 된다. 그러므로 군자는 성실함을 귀하게 여긴다誠者物之終始 不誠無物 是故君子誠之爲貴"라고 했다.

나는 아이가 자기가 원하는 것에 대해 고집을 부릴 줄 아는 어른이 되었으면 좋겠다. 만일 아이가 나조차 예상하지 못한 것에 대해 굳은 마음을 품고 나아간다면 마음속으로 깊은 감동을 받을 것 같다. 부모의 미심쩍은 시선조차 넘어설 수 있는 고집을 가진다면 분명히 자기가 원하는 것을 이룰 수 있을 것이기 때문이다.

· 55 ·

소식 消息

차오르자마자 바로 이지러지는 이치

무소식이 희소식이라는 말이 있다. 무사한 것이 곧 기쁜 소식과 다름없다는 것이다. 어른들에게 전해지는 소식은 대개 슬프거나 좋지 않은 것이다. 아이가 전하는 소식은 반대로 재미있는 것들이다. 새로운 것을 경험하고 느낄 때마다 '엄마, 나에게 한 가지 소식이 있어', '재미있는 소식이 있어'라는 말로 이야기를 꺼낸다. 아이에게 소식을 듣는 일은 나에게도 즐겁고 재미있는 일이다.

소식은 '사라질 소消'와 '숨쉴 식息'이 만나서 만들어진 단어다. 소消는 소멸을, 식息은 생존을 의미한다. 사람이 태어나서 죽는 것도 식과 소이고, 자연도 소와 식을 거듭한다. 그래서 본래 천지자연의 끊임없는 변화와 순환을 가리킨다. 지금은 멀리 떨어져 있는 사람의 사정을 알리는 말이나 글을 소식으로 더 많이 사용된다. 사람에게 전해지는 소식도 자연과 마찬가지로 좋은 것과 좋지 않은 것, 흥망성쇠를 거듭하기 때문일까.

『주역』의 풍괘豐卦에 "해가 중천에 뜨면 기울고, 달이 차면 이지러지니, 하늘과 땅의 성쇠도 때에 따라 물러난다日中則昃, 月盈則食, 天地盈虛, 與時消息"라는 말이 나온다. 여기에서 소식消息은 흥망성쇠를 말한다. 자연의 이치가 이러한데 하물며 사람은 다르겠냐는 것이다. 오르막길이 있으면 내리막길이 있는 것처럼 인생에도 나아가야 할 때와 물러나야 할 때가 있다는 것이다.

『회남자』에는 "군자는 날마다 힘쓰고 힘써 광채를 이루고 소인은 날마다 마음에 만족하지 못해 치욕스러움에 이른다. 이러한 것들이 없어지고 생기는 것은 이루離婁(시력이 좋기로 유명한 전설의 인물)와 같은 밝은 눈으로도 능히 보지 못한다君子日孳孳以成輝, 小人日怏怏以至辱. 其消息也, 離朱弗能見也"라는 말이 나온다. 어떤 일에도 '없어지거나 생기는 것消息'이 있다. 보태지는 것이 있으면 손해도 함께 한다는 이치를 알면 군자이고, 알지 못하면 소인이라는 것이다. 『동주열국지』 중 "위제는 목을 빼고 기다렸지만 오랜 시간이 흘러도 아무 소식이 없었다魏齊懸懸而望, 待之良久, 不見消息"에서 소식은 일상에서 자주 사용하는 의미로 쓰였다.

얻는 것이 있으면 잃는 것이 있고, 생겨나는 것이 있으면 소멸하는 것이 있다는 이치를 모르는 사람이 있을까. 그런데도 가지고 있는 것을 영원히 가질 수 있다고 집착하기 마련이다. 부모의 역할도 보태져서 차

올라야 할 때가 있고 이지러지며 물러나야 할 때가 있다는 것을 받아들여야 한다.

아이는 처음 유치원에 다닐 때보다 소식을 전하는 빈도가 점점 줄어든다. 이것만 봐도 벌써 부모와 거리를 두기 시작하는 것을 알 수 있다. 아이와 부모에게는 천천히 차오르는 과정이 없는 것 같다. 아이가 태어나는 즉시 아이에게 온 정성을 쏟지 않을 수 없다. 그러나 채우는 시간은 곧 끝난다.

공자는 삼년상을 해야 하는 이유가 부모가 자식을 기르는 기간이 3년이기 때문이라고 했다. 이것은 3년이 지나면 서로 멀어지는 과정을 겪어야 한다는 의미다. 아이가 다른 것에 눈을 돌리고 다른 것에 마음을 채우길 원하는 것은 슬픈 일이 아니라 지극히 자연스러운 일인 것이다. 일정한 시간이 지났으니 부모로서 더 보태는 것보다 차근차근 놓아야 하는 것이 무엇인지 고민해보아야겠다.

· 56 ·

문장 文章

말도 문장처럼 마침표가 필요하다

아이에게 "문장으로 말해볼래?"라는 말을 자주 한다. 표정이나 한 단어만 들어도 아이에게 무엇이 필요하고 무슨 생각을 하는지 이해될 때가 많다. 하지만 자기 생각을 끝까지 마무리하는 것은 오랜 훈련이 필요한 일이다. 생각이 표현은 아니기 때문이다.

문장은 '글월 문文'과 '글 장章'이 만나서 이루어진 단어다. '문장'은 글을 잘 쓰는 사람을 말하기도 하고, 글 자체를 이르기도 한다. '당대의 문장으로 이름이 나다'나 '문장의 대가'는 사람을 가리키는 것이고, '아름다운 문장', '빈틈없이 짜인 문장'은 글을 말한다. '문文'과 '장章'에는 각각 어구와 단락의 의미도 있다. 그래서 생각이나 감정을 말과 글로 표현할 때 완결된 내용을 나타내는 최소의 단위를 말한다. 글을 쓸 때는 반드시 문장 부호로 마무리해야 하는 것이다.

본래 고대 한어에서 청색과 노란색으로 수를 놓은 것이 '문文'이고 붉은색과 흰색으로 수를 놓은 것을 '장章'이라고 칭했다. 『초사楚辭』의 '귤송橘頌'에는 "파랑과 노랑이 섞이고 색깔은 찬란하네青黄杂糅, 文章烂兮" 라는 시구가 있다. 여기에서 '문장'은 아름답게 뒤섞인 색채나 꽃의 무늬를 말한다.

『사기』「유림열전」 중 "문장이 우아하고 바르며, 훈계라는 문사가 깊다文章爾雅, 訓詞深厚"에서 '문장'은 글을 말한다. 『채근담』의 다음 글귀는 글쓰기에 대한 기본적인 요구가 드러나 있다. "최고의 문장은 남다른 기교가 있는 것이 아니라 그저 쓰고자 하는 내용에 꼭 맞게 할 뿐이다文章做到極處, 無有他奇, 只是恰好." 기교에 마음을 쓰기보다 자기의 생각과 글의 간격을 좁히는 것이 좋은 글이라는 것이다.

아름다운 무늬로 수를 놓아야 문장이 될 수 있다. 반드시 파랑과 노랑이 섞여야 문文이 되고, 반드시 흰색과 붉은색이 섞어야 장章이 된다는 것은 수를 놓을 때조차 격식이 필요하다는 것을 알 수 있다. 말은 그런 의미에서 격식이 중요하지 않은 행위다. 상대방이 알아들을 수 있기만 하면 그것에 대해 굳이 따져서 알려주려는 사람도 없다. 하지만 그렇기 때문에 부모가 더욱 관심을 가지고 알려주어야 하는 것이 아닐까.

토론을 잘하고 발표를 잘하기 위한 것이 아니라 명료하게 의사소통할 수 있으려면 자기의 생각을 정리해서 표현할 수 있어야 한다. 『채근담』에서 말한 것처럼 글과 생각의 간격이 없는 것이 최고의 문장인 것처럼 말과 생각에도 큰 간격이 있어서는 안 된다. 말하는 사람이 자기 생각을 잘 모르면 듣는 사람은 더욱 큰 오해를 할 수밖에 없다.

아직 아이가 어리기 때문에 말과 생각의 간격을 줄이기 위해 문장으로 말해보라고 요구한 것은 아니었다. 단지 말끝을 흐리지 말고 분명히 하라는 의미였다. 글처럼 말에도 끝맺음을 나타내는 문장부호가 있다는 것을 알아야 한다고 말해주었다. 아이는 대개 감정이 격해졌을 때 분명하게 말을 끝맺지 못한다. 그럴 때 문장으로 말해보라고 하면 아이는 숨을 한번 크게 쉬고 천천히 자기 말을 끝맺는다. 때로는 천천히 마무리하는 과정에서 감정을 추스르기도 한다. 말을 문장으로 끝맺는 것은 아이에게 자기 문제를 스스로 정리할 수 있게 하는 힘을 준다. 그것은 타인과 적극적으로 소통할 수 있는 자신감 또한 키워준다.

· 57 ·

덕분 德分

'탓'보다는 '덕분에'

부모 탓을 하지 않는 자식이 있을까. 아이에게 "엄마 탓이야, 탓!"이라는 말을 수도 없이 듣는다. 엄마 덕분에 좋은 일은 별로 없다. 왜냐하면 좋은 일은 부모가 아니라 대개 자신에게 비롯된 것이라고 믿기 때문이다. 그럼에도 나는 '우리 아이 덕분에'라는 말을 자주 한다. 아이에게 고마움을 표하고자 하는 의도이다. 실제로 아이 덕분에 나에게 많은 변화가 생겼다. 모나고 삐죽했던 형태에서 조금씩 둥글둥글하고 여유로운 모습으로 바뀌고 있다.

덕분은 '덕 덕德'과 '나눌 분分'이 만나 '덕을 나누어주다'라는 뜻을 갖는다. 상대방이 베풀어준 은덕이나 도움을 나누었다는 것을 말한다. 비슷한 말로 '덕택德澤'이 있다. 가끔 '탓'과 '덕분에'를 함께 사용하기도 하는데 탓은 부정적인 것에 대한 원인이나, 어떤 구실을 삼아 원망하는 것이고, 덕분에는 긍정적인 것에 사용해서 상대방에 대한 감사함을 나타내기도 한다.

『논어』에는 "도에 뜻을 두고, 덕에 근거하며, 인에 의거하고, 예에 노닌다志於道, 據於德, 依於仁, 游於藝"라는 말이 나온다. 여기에서 덕德은 품행, 덕행, 도덕을 말한다. 『시경』에 나오는 시구 "술에 벌써 취하고 친절함에 이미 배불렀다旣醉以酒, 旣飽以德"에서는 친절함이나 은덕, 호의를 말한다. 『논어』의 한 대목 "나의 좋은 점 물리쳐 버려, 팔려 해도 팔리지 않는 물건 신세旣阻我德, 賈用不售"에서는 한마음 한뜻이 아니라는 것에 대한 안타까움, 감정, 애정을 말한다.

『춘추좌전』 중 "빈민에게는 나누어주고, 곤궁한 사람은 구제하였다分貧振窮"라는 대목에서 분分은 나눠주다의 의미가 있다. 『논어』에는 어떤 노인이 "사지를 부지런히 움직이지도 않고, 오곡도 가려내지 못하거늘, 누가 선생이란 말이오四體不勤, 五穀不分, 孰爲夫子"라며 공자를 비판하는 이야기가 나온다. 이때 '분'은 구별을 말한다. 『손자병법』에 나오는 다음 구절 "그러므로 용병의 원칙은 [아군이] 열 배면 적을 포위하고, 다섯 배면 적을 공격하며, 두 배면 적을 분산시킨다故用兵之法, 十則圍之, 五則攻之, 倍則分之"에서는 '분'이 분열, 분리, 분산을 가리킨다.

똑같은 일에도 그것을 받아들이는 태도에 따라 '덕분에'가 '탓'이 될 수도, 또 '탓'이 '덕분에'가 될 수가 있다. 긍정적인 사람은 좋지 않은 일 앞에서도 그것 덕분에 배울 수 있었다고 말할 수 있다. 부정적인 사람은 좋은 일 앞에서 그것의 탓을 찾을 수 있다. 긍정적인 사람은 부정적인 일도 긍정적인 힘으로 바꿀 수 있고, 부정적인 사람은 좋은 것에서도 끝끝내 작은 흠을 볼 수 있는 것이다. 남의 탓을 하는 사람은 다른 사람에게 원망의 마음이 쉽게 생긴다. 자기 잘못으로 어려운 일에 빠진 것이 아니라고 생각하면 누군가의 도움을 통해서야만 회복이 가능하다. 자기 삶을 자기 의지로 살아갈 수 없게 되는 것이다.

아이가 아직 어려서 이런저런 탓을 하고 있지만 앞으로 자라나면서 나쁜 것에서도 '덕'을 찾을 수 있는 긍정적인 사람이 되었으면 좋겠다. 본래 이로운 사람은 없지만 그것을 이롭게 끌어낼 수 있는 사람들이 있을 뿐이다. 커가면서 고민과 걱정이 생기고, 실패와 좌절을 경험하게 되겠지만 '탓'보다는 '그 덕분에' 얻는 것이 있다. 그것을 발견하는 힘을 가진다면 타인에게뿐만 아니라 자기의 인생에 대해서도 감사함을 느낄 수 있을 것이다.

· 58 ·

시도 試圖

그리고 지우는 것을 반복하는 것

"그래도 한번 시도해볼까?" 처음 보는 것 앞에서 과감하게 시도하는 사람도 있고, 주춤하는 사람이 있다. 아이가 아기였을 때부터 시도해보자는 말을 많이 했다. 아이가 가장 쉽게 배울 수 있는 방법이 시도이기 때문이다. 어떻게든 해보려고 해야 그것이 어려운 것인지 혹은 손쉬운 것인지 알 수 있다. 아이에게는 모든 것이 새로웠다. 새로운 것을 익숙하게 만드는 첫걸음이 바로 시도였던 것이다.

시도는 어떤 것을 이루어보려고 계획하거나 행동하는 것을 말한다. 시試는 '시험', '떠보다', '사용하다' 등의 의미가 있고, 도圖는 '그림'이나 '서적'을 가리킨다. 한자의 의미로만 보면 '한번 시험 삼아 그림을 그리다'라고 말할 수 있다. 한자의 의미를 따지면 시도는 부적이나 가벼운 의미를 가진다. 그러나 한 번이라도 그려본 것과 그렇지 않은 것에는 적

잖은 차이가 있다. 시도는 가벼운 행위이지만 큰 도움이 되는 일이다.

『서경』에는 "지금 나는 시험 삼아 너희들 때문에 천도하여今予將試以汝遷"라는 구절이 나온다. 여기에서 '시'는 다른 사람을 시험하는 말로 쓰인다. 공자는 『논어』에서 "나는 등용되지 않았으므로 다양한 재능이 있지吾不試, 故藝"라고 했다. 여기에서 '시'는 군주에 의해 등용된다는 의미를 가진다. 공자가 그토록 원했던 정치에 가까이 갈 수 없었기 때문에 다양한 분야에 능통했던 것에 대한 안타까움을 나타내는 말이었던 것 같다. 이와 달리 맹자는 공자가 원하던 꿈을 이루고 왕과 정치에 관한 대화를 나눈다. 맹자가 정치에 대해 말하려고 하니 군주가 "내가 비록 못났지만 한번 실천해보도록 하겠습니다我雖不敏, 請嘗試之"라고 말한다. 여기에서 '시'는 '실천하다'의 의미가 있다.

『주역』의 무망괘無妄卦에는 "진실무망함의 약은 조금도 맛보면 안 된다無妄之藥, 不可試也"라는 말이 나온다. 진실했다면 마땅하다면 거기에서 더 과도하게 나가서는 안 된다는 것이다. 진실함이 과도해지면 오히려 거짓이 된다. 여기에서 '시'가 '잠시 쓴다'는 의미로 '조금 맛보다'로 해석된다고 한다.

해보지 않고 알 수 있는 것은 별로 없다. 직접 경험하는 것은 간접적으로 경험하는 것보다 훨씬 강력한 배움이 된다. 다만 모든 것에 발을 디딜 수 없기 때문에 짐작하는 것도 필요하다. 맹자는 "폭넓게 공부하고 자세하게 설명하는 까닭은 장차 핵심적인 요점을 말하는 것으로 되돌아오기 위해서다博學而詳說之 將以反說約也"라고 말한다. 많은 것을 두루두루 잘하는 사람이 되는 것도 하나의 방법이지만 다양한 시도를 통해서 아이는 자신의 핵심을 찾아나갈 수 있다.

아이는 어떤 것을 하기 전에 '못해도 괜찮아?' 혹은 '틀려도 괜찮아?'라고 묻는다. 그것은 중요한 것이 아니라고 말해도 그런 것에 연연하는 것은 어쩔 수 없는 것이라는 생각도 든다. 그래서 부모인 내가 해줄 수 있는 것은 시도 그 자체가 이미 옳은 것이고, 잘하는 것이라는 것을 끊임없이 알려주는 것이다. 마음을 북돋아주고 용기를 가지도록 격려해서 아이가 시도하는 데에 주저하지 않도록 돕는 것이다. 한번 그렸다 지우더라도 그린 그림은 아이의 기억에 남는다. 한 번이 두 번 되고 그것이 반복되면서 비로소 만족할 만한 그림에 더 가까워지게 되는 것이다.

· 59 ·

일리 一理

'옥玉'이 되기 위해서는 '다듬는 과정理'을 거쳐야 한다

아이가 자기 나름의 생각을 표현하면 우선 '일리가 있다'라는 말부터 하고 본다. 특히 무슨 말인지 이해가 되지 않을 때, 납득이 되지 않을 때 더 많이 하는 소리이다. 이해가 되는 말이면 곧바로 좋은 생각이라고 칭찬할 수 있지만 미심쩍은 부분에는 더욱 조심스러워진다. 아이가 언제나 이치를 담은 말을 할 수는 없다. 다만 아이가 언제나 자신 있게 말할 수 있어야 이치에 가까워진다. 그래서 '일리가 있다'고 말하는 것은 아이의 어떤 말이든 우선 존중하겠다는 의지의 표현이다.

일리는 '하나 일一'과 '이치 이理'가 만나서 만들어진 말이다. 어떤 면에서 그런대로 타당하다고 생각되는 이치를 말한다. 한쪽이 완전히 옳고 다른 한쪽이 완전히 그른 일은 별로 없다. 그래서 전국시대 명재상이었던 관중管仲은 "본래 옳음과 그름은 명확하게 나뉠 수 없다"라고

말했다. 대화나 논쟁에서 상대방에게도 일리가 있다는 생각을 가지면 쉽게 어긋남이나 다툼이 생기지 않는다.

『주역』의 「계사 상」에는 "위로는 천문을 관찰하고 아래로는 지리를 살핀다仰以觀於天文 俯以察於地理"라는 말이 나온다. '천문天文'은 하늘의 무늬를 말하고, '지리地理'는 땅이 조직된 무늬를 말한다. 여기에서 '문文'과 '리理' 모두 직조된 무늬를 말한다. 『주역』의 「계사 하」에는 "재물을 관리하고 언사를 바르게 하며 사람들로 하여금 나쁜 행위를 하지 못하도록 하는 것을 의라 한다理財正辭, 禁民爲非曰義"라는 말이 나온다. 여기에서 '리理'는 다스리는 것을 뜻한다.

『장자』에는 "포자가 선 채 말라 죽고 신자가 까닭을 말하지 않[고 죽]은 청렴 때문에 얻는 해이다鮑子立乾, 申子不自理, 廉之害也"라는 말이 나온다. 여기에서 '리理'는 까닭을 밝히는 것, 혹은 진상을 알리는 것을 말한다. 포자와 신자가 변명하지 않는 청렴함 때문에 목숨을 잃게 되었다고 비판하는 것이다. '리理'에는 다듬는다는 뜻도 있다. 『한비자』에는 "그러자 왕은 옥을 다듬는 사람에게 그 옥을 다듬게 하여 보배를 얻어 마침내 이를 '화씨지벽'이라고 이름 붙이게 되었다王乃使玉人理其璞而得寶焉, 遂命曰 '和氏之璧'"라는 말이 나온다. 아름다운 옥을 얻기 위해서는 다듬는 과정이 필수적이라는 것이다.

아이의 생각은 다듬어지지 않은 옥과 같다. 완벽한 아름다움을 지닌 옥도 수차례 다듬고 깎이는 과정을 통해 그 아름다움을 얻게 되는 것이다. 아이가 던지는 다양한 생각들은 틀릴 수도 있고 모순되기도 하지만 그것들을 끊임없이 이끌어내는 과정에서 생각이 다듬어질 수 있는 것이다. 아이의 말에 일리가 있다고 말하는 것은 자기의 생각을 표현하는 것을 절대 멈추지 않았으면 하는 바람 때문이다.

아이는 자신의 생각이 부모에게 받아들여지는 과정 속에서 스스로 생각을 정돈할 수 있다. 아이의 말에는 언제나 일리가 있다. 그것이 나의 생각과 다르고, 내가 원하는 방향과 다르다고 할지라도 그 안에는 아이만의 이치가 들어 있는 것이다. 비록 그것이 틀린 것이라고 해도 오랫동안 스스로 교정하는 시간을 가져야 한다. 자신이 납득할 수 있는 귀한 모습을 갖출 수 있도록 아이의 생각을 존중하고 귀담아들을 수 있는 부모가 되었으면 좋겠다. 아이가 자신에게 주옥같은 생각을 끌어낼 수 있도록 말이다.

· 60 ·

문제 問題

뿔題을 보고 색을 판단하면 안 된다

아이가 "엄마에게는 한 가지 문제가 있다"라고 말을 시작할 때가 있다. 엄마에게 고쳐야 할 점이 있다는 것을 말하려는 것이다. 아이는 자신에게 말실수를 하거나 듣기 싫은 말을 하는 것을 꼬집는다. 아이가 문제를 지적하면 당황스럽기도 하지만 또 재미있기도 하다. 아이만큼 나의 말과 행동을 관심 있게 관찰하는 사람도 없기 때문이다. 그리고 사랑하는 사람에게는 어떤 조언이든 기꺼이 들을 수 있다.

문제는 '물을 문問'과 '제목 제題'가 만나서 이루어진 말이다. 제題에는 머리말이나 물음이라는 의미도 있다. 해답을 요구하는 물음을 말하거나 논쟁이나 연구의 대상이 되는 것, 해결하기 어렵거나 난처한 대상을 말하기도 한다.

『논어』에서 증자는 안자에 대해 "능력이 있으면서도 능력이 없는 사람에게 묻고, 많이 알고 있으면서도 적게 아는 사람에게 물으며以能問於不能, 以多問於寡"라고 말한다. 능력이 있는 사람은 알지 못하는 것을 배우려는 사람이라는 것이다. 『논어』「공야장公冶長」에는 "영민하지만 배우기를 좋아하고 아랫사람에게 묻는 것을 부끄러워하지 않았다敏而好學, 不恥下問"라는 칭찬이 나온다. 여기에서 문問은 모두 묻는 것을 말한다. 자기보다 못한 사람, 나이 어린 사람에 상관없이 질문할 수 있는 겸손함과 용기를 갖추어야 한다는 것이다.

제題에는 뿔이라는 의미도 있다. 『한비자』에 "저것은 검은 소인데 뿔이 하얗습니다是黑牛也而百題"라는 말이 나온다. '백제白題'는 하얀색 뿔을 말한다. 제題는 끝이라는 뜻도 가진다. 『회남자』의 한 대목 "서까래橑와 처마와 서까래榱의 끝 장식을 조각하고 아로새겼다橑檐榱題, 雕琢刻鏤"에서는 끝을 말한다.

첨하詹何라는 사람의 제자들은 문밖에서 소의 울음소리가 들리자 하얀 뿔을 가진 검은색 소라고 추측한다. 나중에 알고 보니 그것은 본래 검은색인데 뿔에 흰색 삼배를 감싸고 있던 것이었다. 한비자는 이 이야기에서 근거 없이 멋대로 추측하는 것은 도의 꾸밈이며 어리석음의 시초라고 말한다. 아이를 처음 낳아서 기르면 언제나 그러한 추측과 짐작에 빠져서 나와 아이 모두를 힘들게 한다. 문제의 해결은 아이를 진지하게 바라볼 줄 아는 나의 시각과 또 아이의 행동과 입을 통해서 이루어져야 한다.

나를 직시하지 않고, 아이를 지켜보지 않고 정보들에 쉽게 휩쓸려 버리는 것은 마치 삼배를 감싸고 있는 뿔의 진짜 색깔을 착각하고 살아가는 것과 같다. 아이의 생각과 상황은 추측하는 것이 아니라 직접 묻는 것이다. 교육은 아이에게 직접 묻고 또 물으면서 아이가 원하는 방향과 내가 이끌어가고자 하는 것을 좁히는 일이다. 아이에게 집중하는 것이 아이의 문제를 해결해주는 길잡이가 되어주어야 하는 것이다. 멋지게 포장된 정보들은 아이의 진면목을 볼 수 있는 눈을 흐리게 해줄 뿐이다. 서로 묻고 이야기를 나누는 과정에서 교육을 할 때 쉽게 빠질 수 있는 어리석음과 멀어질 수 있다. 아이가 말한 것처럼 대부분의 문제는 아이가 아니라 부모인 나로부터 출발한다. 나의 문제를 인정하고 아이에게 자신의 문제를 직접 찾아내도록 기다려주는 부모가 되고 싶다. 내가 부모로서 아이에게 언제나 난제가 될 수는 있지만 난처한 대상이 되지는 않았으면 좋겠다.

· 61 ·

이유 理由

이유는 '이치理'를 가지고 '따르도록由' 하는 것이다

이유가 무엇인지 말하는 것은 중요한 일이다. 이유가 있으면 그것이 무엇이라도 납득이 가능하다. 이유는 이해하도록 도와주고 안심하게 만들어준다. 이유는 그 자체로 해결로 이어지게 만들어주는 것이다. 아이에게 '이유가 뭔데?'라고 물으면 대답을 열심히 한다. 왜냐하면 대개 이유가 충분치 않아도 그것을 통해 부모를 이해시킬 수 있다는 것을 알기 때문이다.

이유는 '다스릴 이理'와 '말미암을 유由'로 이루어진 말이다. '말미암다'는 원인이나 이유라는 뜻의 우리말이다. 이유는 어떤 결과에 대한 까닭이나 근거를 말한다. 그래서 일상생활에서는 변명辨明이나 구실口實을 가리키기도 한다. 어떤 일이나 상황에 대해 정확한 이유를 알면 이해가 가능하지만, 생활 속에서 사사건건 이유를 드는 사람은 대개 좋은 평가를 받지 못한다. 이럴 때는 이유가 잘못을 회피하는 방편으로 쓰이기 때문이다.

『논어』에는 "그가 [지금] 하고 있는 것을 보고, 그가 어떤 이유로 그렇게 하는지 관찰하고, 그가 편안하게 여기는 것을 세밀히 살펴보라視其所以, 觀其所由, 察其所安"라는 말이 나온다. 사람이 행동하는 이유를 알면 그 사람이 어떤 사람인지 알 수 있다는 것이다.

유由에는 따르고 좇다는 의미도 있다. 『맹자』의 다음 구절 "정의로운 바른 길을 버려두고 따라가지(말미암지) 않으려 하니, 아 슬프도다舍正路而不由, 哀哉"에서 이 표현이 보인다. 『논어』의 한 대목 "백성들은 따르게 할 수는 있으나, 알게 할 수는 없느니라民可使由之, 不可使知之"에서도 같은 의미로 쓰였다. 백성百姓들을 인도할 수는 있어도 왜 그래야 하는지에 대한 의미를 납득시키면서 통솔할 수는 없다는 의미다.

아이에게 자신의 상황에 대해 스스로 판단해보라고 할 때 이유를 묻는 것보다 더 좋은 방법은 없다. 이유는 행동에 대한 원인이기도 하면서 잘못을 회피할 수 있는 좋은 수단이기 때문이다. 아이에게 자기 생각을 묻고 어른이 원하는 수준의 대답을 기대하는 것은 불가능한 일이다. 자신의 잘못 앞에서 회피하고자 하는 순발력이 대단하다. 꾸지람을 피하기 위해 어떻게든 여러 가지 이유를 찾고자 하는 것이다. 물론 아이가 언제나 이유를 찾아서 잘못을 피할 수 있는 것은 아니다. 그런데도 변명의 여지가 있을 때가 그렇지 않을 때보다 더 많고, 일방적으로 꾸지람을 받아야 할 때보다 이해를 받아야 할 때가 훨씬 더 많다.

다수를 일깨워서 정의로운 길로 들어서게 하는 것은 힘든 일이다. 그래서 『논어』에서는 백성들은 따르게 할 수는 있지만 일일이 납득시키고 이해할 수 있도록 하는 것은 불가능하다고 말한다. 다수는커녕 아이 한 명도 이해시키고 따르게 하는 것은 지난한 일이다. 그럼에도 부모이기 때문에 아이에게만큼은 충분한 이유를 제공해줄 수 있도록 노력해야 한다. 아이가 자신의 행동이나 생각에 이유를 대도록 하듯이 나도 마찬가지로 아이에게 무엇을 요구하거나 가르쳐야 할 때 그 이유를 충분히 설명해야 한다. 아이의 눈높이에 맞는 이유를 찾기보다는 진심을 담아서 솔직하게 말해주어야 한다.

아이에게는 '논리정연하고 모순이 없는 이유'가 아니라 '부모의 진정성이 담긴 이유'가 필요하다. 이유 없이 따르도록 하는 것은 아이에게 깊이 있게 사고할 능력이 없다는 것을 전제로 한 일이다.

· 62 ·

기특 奇特

신기하고 특별한 것

아이가 걷기만 해도 기특하고, 손 빠는 버릇을 없애도 기특하다. 누구나 다 할 수 있는 일이지만 나는 처음 겪는 일이라, 아이가 변화하는 모습이 신기하고 특별하게 느껴진다. 그러나 기특하다는 말은 아이의 발전이 흐뭇하고 자랑스럽게 느껴졌기 때문에 한 칭찬이었지 특출나거나 탁월한 것을 이루었기 때문에 한 말은 아니었다.

기특의 '기奇'는 기이奇異, 기적奇跡, 기묘奇妙에서 보는 기이다. 기상천외奇想天外하다고 할 때도 마찬가지로 기를 쓴다. 특은 '특별할 특特'이다. 그래서 한자 그대로 해석하면 기특하다는 것은 일반적이지 않은, 매우 보기 드문, 놀랄 만한 말이나 행위를 가리킨다. 하지만 국어사전에서는 '말하는 것이나 행동하는 것이 신통하여 귀염성이 있다'라고 정의한다. 대개 어린아이를 칭찬할 때 사용하는 말이다. 갸륵하다, 가상嘉

尙하다, 귀엽다, 아름답다가 모두 비슷한 말이라고 한다. 때로는 어려운 일을 해내는 어른들에게도 기특하다는 표현을 하기도 한다.

『채근담』에는 "신기한 것을 경탄하고 특이한 것을 좋아하는 자는 원대한 식견을 지니지 못하고, 지나치게 절의에 집착하고 특별한 행동을 고집하는 자는 변함없는 지조를 지니지 못한다驚奇喜異者, 無遠大之識. 苦節獨行者, 非恒久之操"라는 말이 나온다. 여기에서 기奇는 신기한 것을 말한다.

『사기』에서 유방이 항우의 부하였던 계포에게 "하동군은 내 넓적다리와 다름없는 군이므로 각별히 그대를 부른 것뿐이오河東吾股肱郡, 故特召君耳"라고 변명을 한다. 여기에서 특特은 특별하고 각별하다는 것을 말한다. 『시경』의 시구 "저 울퉁불퉁한 메마른 밭을 보라, 유달리 무성한 곡식의 싹瞻彼阪田, 有菀其特"에서 특은 '특출나게 무성한 곡식의 싹'을 말한다. 메마른 땅에서 솟아난 싹은 간난艱難함을 상징하는 것이다.

신기한 것에 대해 경탄하고, 특별한 것을 경계해야 한다는 것은 고전에서 언제나 강조되는 말이다. 원대한 식견은 특별한 것을 좇는 데에서 이루어지는 것이 아니기 때문이다. 발밑을 바라보고 다음으로 발을 디디는 것은 경탄할 만한 행동은 아니다. 하지만 멀리 가려면 그 한 걸음에 의미를 두고 최선을 다해야 한다는 것이다. 매일 별다른 일 없이 하루하루를 보내는 것이 무의미하게 느껴지기도 하지만 그것이 최선의 삶이라는 것이다. 새로운 어떤 것을 추구하고 경탄할 만한 것을 찾고자 하는 것은 삶을 진지하게 이어가는 데 걸림돌이 된다. 일상의 의미를 소중하고 진지하게 받아들이는 것은 쉬워 보이지만 끊임없이 마음을 다잡아야 하는 어려운 일인 것이다.

기특하다는 말은 아이가 특별한 변화나 신기한 행동을 했을 때 많이 했던 것 같다. 그러나 내가 새로운 것에 쉽게 경탄하는 부모라면 특별할 것 없는 생활에 돌입하게 되었을 때 서로 실망하게 될 것이 분명하다. 조금만 더 커도 시금치 한번 잘 먹었다고 기특하다고 칭찬해줄 수는 없기 때문이다. 그럼에도 여전히 나는 아이의 마음에 자신의 삶을 소중히 할 수 있는 힘을 줄 수 있는 사람이 되어야 한다. 그러기 위해서는 아이의 일상 속에서 소중한 것들이 무엇인지 끌어내줄 수 있는 부모가 되어야 한다.

놀랄 만한 일은 없지만 더 귀중한 것이 아이의 삶 속에 담겨 있다. 기특한 일 말고 평범한 것에 꾸준히 마음을 써주는 부모가 되고 싶다.

· 63 ·

장단 長短

단점 말고 장점만 볼 수 있는 능력

아이가 겨우내 불렀던 캐럴에 '장단 맞추니, 흥겨워서 소리 높여 노래 부르네'라는 가사가 나온다. 여기에서 나오는 것은 박자, 리듬인데, 길기도 하고 짧기도 하니 이것도 장단이라고 부른다. 쉬운 표현은 아니지만 아이와 대화 중에 장점이나 단점이라는 말을 자주 쓴다. 무슨 일에든 장점과 단점이 있기에 아이와 때때로 두 가지 면 다 찾으려는 노력을 한다.

장단은 '긴 장長'과 '짧을 단短'이 만나 박자를 말한다. 만일 '모든 것에는 장단이 있다'라고 하면 모든 일에는 '장점과 단점' 혹은 '좋은 일과 나쁜 일'이 있다는 의미다. '장단을 맞춘다'는 것은 리듬 말고 남의 기분이나 비위를 맞추기 위해 말이나 행동을 하는 것을 의미하기도 한다. 비슷한 의미로 '남이 친 장단에 엉덩이춤 춘다'도 마찬가지로 주견 없이 남이 하는 대로 따라 함을 비유적으로 이르는 말이다. 혹은 '그 장단에 춤추기 어렵다', '어느 장단에 춤추랴'는 원칙 없이 까다롭거나, 참견하는 사람들이 많아서 어느 말을 따라 할지 난처한 상황을 가리키기도 한다.

맹자는 "저울에 달아보아야 가볍고 무거운 것을 알 수 있고, 자로 재보아야 길고 짧은 것을 알 수 있다權然後知輕重, 度然後知長短"라고 했다. 모두 사물과 마찬가지로 마음도 스스로 헤아려야 행동의 원인을 찾을 수 있다는 것이다. 여기에서 장長과 단短은 길고 짧은 것을 말한다.

『관자』에는 "현명한 군주는 사람을 임관할 때 그 장점만 고려할 뿐 단점은 고려하지 않기 때문에 이루지 못하는 일이 없고, 세우지 못하는 공이 없다明主之官物也, 任其所長, 不任其所短, 故事無不成而功無不立"라는 말이 나온다. 어리석은 군주는 신하에게 책임을 지우는 것을 좋아하기 때문에 이룰 수 있는 일이 없게 된다는 것이다. 여기에서 장단長短은 장점과 단점을 말한다.

마음이라는 것은 사람의 말과 행동의 저울이 되기도 하고, 자가 되기도 한다. 그것이 올바르게 세워지지 않으면 진정으로 원하는 것이 무엇인지 알 수 없고, 또한 안다고 하더라도 제대로 된 접근으로 성취할 수 없다. 그래서 맹자는 우선 마음의 척도를 잘 헤아려야 한다고 했다. 양혜왕은 대국을 세우고자 하는 꿈을 가지고 맹자에게 방법을 구한다. 맹자는 백성의 생활을 돌보지 않고 대국을 꿈꾸는 것은 어리석다고 말한다. 근본을 경시하고 큰 것을 탐하는 것은 마치 나무에 올라가 물고기를 잡으려고 하는 것(연목구어緣木求魚)과 같다는 것이다. 이처럼 마음이 올바로 세워져 있는지 확인하는 것이 모든 일의 출발이라는 것이다.

타인을 판단하는 것도 자신의 마음에서 출발한다. 다른 사람의 단점에 집중하지 않고 장점을 볼 수 있는 사람은 현명한 사람이다. 그것은 스스로가 단단하게 결심하지 않으면 할 수 없는 어려운 일이다. 누구나 쉽게 타인의 단점을 찾아내는 능력이 있다. 반대로 장점을 찾는 것은 끊임없는 노력과 훈련을 통해서 얻어지는 것이다.

요즘 아이에게 친구의 장점 찾기 연습을 해보라고 권한다. 친구들에게 불편함을 느끼면서 마음의 어려움을 겪는 일이 종종 벌어지기 때문이다. 이럴 때 중요한 태도는 우선 자신의 저울을 점검하는 일이다. 사람을 판단할 때만큼은 수평을 유지하는 것보다 좋은 것을 바라볼 수 있도록 기울이는 것이 유익하다. 친구의 단점보다는 장점을 볼 수 있어야 아이의 마음도 덩달아 편안하고 즐거워진다.

· 64 ·

추호 秋毫

가을의 터럭은 겨울을 준비하기 위함이다

추호는 아이와의 일상에서 자주 사용하지는 않지만 사극이나 뉴스에서 종종 듣는 말이다. 조금이라는 말 대신 추호를 넣으면 더욱 강조되는 느낌이 든다. 추호도 흔들리지 않는다거나, 추호의 거짓도 없다고 하면 더욱 결연한 표현이 된다. 자주 쓰이지는 않지만 한자의 의미를 알려주면 어렵지 않게 이해할 수 있는 말이기도 하다.

추호는 '가을 추秋'와 '털 호毫'가 만나 가을의 터럭을 가리키는 말이다. 가을철에 털갈이하여 새로 돋아난 털이 짐승의 털 중에 가장 가늘고 짧다고 한다. 그래서 매우 적거나 조금인 것을 비유적으로 이르는 말이 되었다. 추호가 쓰이는 자리에 '터럭'이나 '털끝만큼'이라는 말을 넣어도 비슷한 의미가 된다. 추호는 대개 '주호의 의심 없이', '추호의 용서도 없다', '그런 일이 추호도 없다'처럼 부정어와 같이 쓰인다. 터럭은 털의 본말이었는데 이제는 털이라는 표현이 더 널리 쓰이고 있다.

『손자병법』에는 "가을 터럭을 들었다고 하여 힘이 세다고 하지 않고, 해와 달을 보았다고 하여 눈이 밝다고 하지 않으며, 천둥과 벼락 소리를 들었다고 하여 귀가 밝다고 하지 않는다擧秋毫不爲多力, 見日月不爲明目, 聞雷霆不爲聰耳"라는 말이 나온다. 가을의 터럭秋毫을 들었다고 힘이 세다고 할 수 없는 것처럼 이길 수 있는 여건을 갖추고 싸우면 명성도 없고 공적도 없다. 힘겹게 이긴 싸움은 후에 잘 싸웠다는 칭찬을 받지만 그것보다 애초에 이길 수 있는 조건을 갖추는 것이 더 중요하다는 것이다.

『한비자』에는 "무릇 숫돌에 간 날카로운 화살촉이 달린 화살은 활시위를 당겨 쏘면 비록 눈을 감고 마구 쏘더라도 그 끝이 가을 터럭 끝만 한 것이라도 적중시키지 않은 적이 없다夫新砥礪殺矢, 彀弩而射, 雖冥而妄發, 其端未嘗不中秋毫也"라는 말이 나온다. 가을 터럭을 맞출 만한 날카로운 촉도 같은 곳을 적중시키지 못하면 잘 쏜다고 할 수 없다고 말한다. 언설이 뛰어나도 원칙이나 법도가 없으면 좋은 변론이라고 할 수 없다는 것이다.

가을의 터럭은 적거나 작은 것을 비유하는 말이지만 고전을 읽으면 읽을수록 작은 것이 크고 중요한 것이라는 것을 알게 된다. 가을 터럭처럼 작은 것을 지키지 않으면 삶의 큰 부분들이 무너지고 흔들리게 되는 것이다. 하루는 삶에서 추호의 부분이지만 그것이 축적되어 삶을 이룬다. 매일 하는 말들도 마찬가지로 삶의 극히 적은 부분이지만 그것이 모여 관계를 이어지게 만들고 관계를 흩어지게 만들기도 하는 것이다.

『사기』에는 “깃털도 많이 쌓으면 배를 가라앉힌다積羽沈舟”라는 구절이 있다. 매일 일정하게 큰 힘을 들여서 무엇을 성취할 수 있는 사람은 많지 않다. 그래서 성취는 대개 작은 것을 꾸준히 하는 것에서 비롯된다고 한다. 그러나 성취가 어려운 까닭은 작은 것을 하는 것 자체가 아니라 작은 것이 쌓이는 것이 눈으로 보이지 않는다는 데에 있다. 깃털 하나하나는 추호만큼 작지만 마지막 하나가 배를 가라앉게 만드는 것이다. 그만큼 작은 것을 꾸준히 하는 것이 중요하고, 그것을 해내는 것은 힘들고 대단한 일이다. 추호는 비록 가장 가늘고 짧은 터럭이지만 따뜻한 겨울을 준비하기 위해 반드시 필요하다. 작은 것이 아니라 큰 것을 준비하기 위한 중요한 대비인 것이다.

· 65 ·

적당 適當

노력은 지극至極하지만 행동은 적당適當하게

흔히 '적당히 해라'는 것은 좋은 의미에서 하는 말은 아니다. 아이가 소리를 지나치게 지르고 흥분할 때 자주 쓰는 말이다. 기분이 좋거나 나쁠 때 적당함에 머무는 것은 어른에게도 쉬운 일이 아니다. 아이의 행동과 말이 종종 적당한 선 밖으로 나가는 것은 당연한 일이다. 그럼에도 아이에게 한마디로 한계선을 알려주는 방법이 되기도 한다. 그러나 구체적으로 잘못을 지적하는 것이 적당히 하라는 요구보다 더 나을 때도 있다.

적당은 '맞을 적適'과 '마땅할 당當'이 만나 마땅히 맞는다는 뜻을 가진다. 사물의 정도, 수준, 상태 등이 지나침이나 모자람이 없이 서로 잘 어울리는 것을 말한다. 이는 중용中庸이나 정도正道의 의미로도 함께 생각해볼 수 있다. 이와 달리 일을 처리할 때 말썽만 없을 정도로 대강대

강 하는 것도 '적당주의'라고 한다. 그래서 적당함에는 유연함과 조화가 함께 해야 한다. 적당함이 경직되면 요령이나 핑곗거리를 만드는 데만 기여하게 된다.

『여씨춘추』에서는 도道로써 천하를 다스릴 수 있는 사람은 "춥고 더움이 조화를 이루게 되어寒暑適" 성인이 된다고 했다. 여기에서 적適은 조화를 말한다. 『시경』에 나오는 문장, "뜻밖에 서로 만났지만 바로 내가 바라던 사람邂逅相遇, 適我愿兮"에서는 '딱 들어맞는다는 것'을 말한다.
한자 당當은 많은 의미로 쓰인다. 그중 마땅하다는 뜻은 『사기』에서 보인다. 진섭은 "내가 듣건대 이세황제는 막내아들이므로 제위를 이어받아서는 안 되며, 제위를 이어받아야 하는 자는 맏아들 부소다吾聞二世少子也, 不當立, 當立者乃公子, 扶蘇"라고 말한다. 진섭은 이세황제는 '마땅히當' 제위를 이어받으면 안 되고, 부소扶蘇가 '마땅히當' 황제가 되어야 한다는 명분을 세운다.
『삼국지』에는 "옛날에 소하(한나라의 개국공신)는 관중을 지키고 군량미를 풍족히 하여 군대를 보충했는데, 그것에 필적할 만하오昔蕭何鎮守关中, 足食成軍, 亦適當爾"라는 말이 나온다. 여기에서는 '견줄 만하다'라는 의미로 쓰였다.

적당한 수준의 말과 행동을 할 수 있다면 성인이 될 수 있다. 하지만 언제나 '중中'에 머물러 조화를 이루는 것은 공자도 할 수 없는 일이라고 했다. 다만 적당함에 머물러야 한다는 것을 염두에 두는 것만으로도 지나친 행동에서 벗어날 수는 있다. 아이가 한계를 모르고 욕구대로 행동해도 될 시기는 금방 지나간다. 자기의 말과 행동에 한계가 있어야 한다는 것은 어리더라도 반드시 알아야 하는 태도인 것이다. 중용과 가까운 적당함을 가지는 것은 누구에게나 어려운 일이지만 부모와의 관계나 친구와의 관계를 맺고, 사회에 적응해서 살아가려면 적당함을 알아야 한다.

반대로 적당함을 피해야 하는 때도 있다. 자기의 목표가 생기고, 노력해야 할 것이 다가왔을 때는 한계를 설정하고 적당함에 머무는 것을 피해야 한다. 하기도 전에 한계를 짓기 시작하면 할 수 있는 것보다 훨씬 못 미친 성과를 낼 수밖에 없다. 한계가 없다고 생각하고 최선을 다하는 것이 선을 긋는 것보다는 유익하다. 노력의 순간에 적당함에 머물면 힘만 들고 얻을 수 있는 것이 없게 된다. 그래서 적당함은 적재적소에 적당하게 사용되어야 한다. 어려운 일이지만 적당이 필요할 때와 필요하지 않을 때가 있다는 것을 알아야 한다.

· 66 ·

고생 苦生

'고생했다'라는 위로와 칭찬

어려운 일을 끝마치면 '고생했다'는 말을 하곤 한다. 꼭 힘든 일이 아니더라도 고생했다는 말로 마무리를 하기도 한다. 아이가 글을 어렵게 읽거나 싫은 것을 해낼 때도 고생한 것이고, 밖에서 오래 놀아 힘들어도 고생한 것이다. 고생은 특별한 상황에 쓰이는 말이 아니라 생활 속에서 자주 쓰이는 말이다.

고생은 '쓸 고苦'와 '날 생生'이 만나서 어려움이 생긴다는 뜻이다. 어렵고 고된 일을 겪는 일을 말한다. '수고했다'는 '받을 수受'와 '쓸 고苦'가 만나 고생과 마찬가지로 '어려움을 겪다'라는 의미를 가진다. 윗사람에게 고생했다는 말은 할 수 있지만 수고했다는 말은 예의에 어긋난다고 여겨진다. 수고했다는 말은 동년배나 아랫사람에게만 쓸 수 있다는 것이다. 국립국어원에 따르면 수고라는 말에 부정적인 이유가 있기 때문이라고 추정하고 있지만 고생도 같은 의미이기 때문에 그렇게 볼 수는 없을 것 같다. 그럼에도 윗사람에게는 수고보다는 고생이라는 말을 사용하는 것이 듣기에 거슬리지 않는다.

고苦는 쓴맛을 의미하기도 하고, 병, 어려운 일, 가난 등을 뜻하기도 한다. '고생'에서는 마음이나 몸의 괴로움을 나타낸다. 『시경』 가운데 "마음속 이 내 시름은 마치 독약처럼 쓰고 괴롭네心之憂矣, 其毒大苦"에서는 마음의 번뇌를 표현하고 있다. 주나라 대부가 서쪽으로 정벌을 가서 오랫동안 고향으로 돌아가지 못하는 마음을 하늘에 호소하는 시이다. 『시경』에는 "아들 일곱을 두시어 어머님은 고생만 하셨네有子七人, 母氏勞苦"라는 구절도 있다. 여기서는 '일할 노勞'와 '쓸 고苦'가 만나서 애쓰고 노력한 수고로운 삶에 대해 노래하고 있다.

『정관정요貞觀政要』에는 "쓴 약은 질병을 치료하는 데 유리하고, 쓴 말은 실천에 유리하다苦藥利病, 苦口利行"라는 말이 나온다. 여기에서 고苦가 쓴맛을 말한다. 듣기 좋은 말보다 듣기 싫은 말이 사람을 움직이게 만든다는 것이다.

이제는 아이가 아기 때처럼 지나치게 칭찬받는 것을 좋아하지 않는다. 어린이가 되니 칭찬받을 만한 일인지 아닌지 스스로 가늠할 수 있게 된 것이다. 스스로 칭찬할 만한 것이 아니라고 여길 때 잘했다고 말해주면 아이가 더 먼저 알아차린다. 그럴 때는 '엄마, 내가 아기도 아닌데 왜 그런 일로 칭찬을 해'라고 불쾌해하는 것이다. 하지만 정말 칭찬할 만하고 여길 때는 과도하게 기쁨을 표현하기보다 등을 두드리면서 '고생했다'라고 하면 아무 말 없이 듣는다.

'고생했다'는 아이의 어려움을 인정해주기 때문에 위로가 되기도 하도 나이에 맞는 칭찬이 되기도 하는 것 같다. 더 나아가 이제 아이와 거리를 두고 응원하는 사이가 되었다는 뜻을 담기도 한다. 아이에게 좋은 일은 아이 자신의 것이지 부모인 나의 것이 아니라는 의미도 생겨나는 것이다. 자세히 말하지 않아도 이 한마디에 스스로에 대한 자부심과 뿌듯함이 묻어난다.

어른이 되면 자신의 어려움에 대해 남에게 툭 까놓고 말할 기회가 적어진다. 하지만 겉보기에 아무런 문제가 없어 보여도 누구나 각자의 무게를 안고 살아간다. 그래서 서로 깊이 이야기를 나누고 구체적인 조언을 하는 것보다 중요한 것은 그저 위로하는 일이라고 생각한다. 아이 덕분에 '고생했다'라는 말을 건네는 것이 마음을 헤아려주고 인정해주는 고마운 말이 될 수 있다는 것을 알았다.

5장

동화童話에서 찾은 한자

童

어릴 동童은 고전에서 그다지 좋은 의미로 쓰이지 않는다. 『한서』의 「화식전」에서는 동童이 어린 노비를 뜻한다. 대개 어린아이는 미성숙하고, 어리석다는 특징으로 표현되었다. 지금은 어린아이의 위상이 그때와는 확연히 다르다. 아동은 보호해야 하는 순수하고 사랑스러운 존재로 여겨진다. 동화는 어린이들을 위한 이야기이기도 하지만, 동심을 간접적으로 경험하고 싶어하는 어른들에게도 인기가 많다.

아이가 동화책을 무척이나 좋아해서 하루에 수십 권씩 읽어줄 때도 있었다. 그렇게 몇 달을 읽어주면 한동안은 아예 찾지를 않는다. 그렇게 몇 달을 쉬고, 또 다른 책이 마음에 들면 다시 읽기 시작한다. 나는 동화가 아이의 마음에 미세한 무늬가 조각되는 것을 돕는다고 생각한다. 마음의 무늬를 가진 사람은 자기가 직접 겪어보지 않은 일에도 어렵지 않게 공감할 수 있는 능력을 가진다. 이해할 수 없을 정도로 타인에 대한 공감이 결여된 사람들이 늘어나면 늘어날수록 반대로 동화의 중요성은 더욱 커질 것이다.

· 67 ·

백설 白雪

'하얀 눈白雪'과 같은 마음씨

얼굴이 희고 머리카락이 까만 공주가 태어났다. 그날이 마침 흰 눈이 내리는 날이었을까. 그 아이는 불행하게도 엄마를 잃고, 예쁘다는 이유로 새엄마에게 핍박을 받는다. 동화책에 나오는 한자가 뭐가 있을까 고민해보았을 때 가장 먼저 떠오르는 단어는 단연 '백설'이었다. 아이는 말이 트이기 전부터 『백설 공주』를 좋아했고, 그 덕에 아직까지도 목욕할 때마다 샴푸로 독을 탄 주스를 만들어준다.

백설은 '흰 백白'과 '눈 설雪'이 만나 이루어진 말이다. 그런데 아이에게 백설이 무슨 뜻일까 물었더니 의외로 '백설떡'이라고 하는 것이었다. '백설 공주'를 먼저 말할 줄 알았는데 '백설기'가 먼저 생각이 났던 것이다. 흰 눈처럼 하얀 떡이기에 백설기의 '백설'도 같은 한자인 줄 알았는데, '흰 백白'에 고유어인 '설기'가 만나서 이루어진 합성어였다. 설기라는 것이 시루떡의 하나이고, 이로부터 백설기, 콩설기와 같은 말이 만들어졌다고 한다. 그런데 설기라는 말 자체가 한자의 '설고雪餻'에서 유래한 것이라고 하니 또 완전히 틀린 말은 아닌 것 같다.

'백설'이라는 말은 『맹자』의 한 대목 "흰 깃털의 흰색이 흰 눈의 흰색과 같고, 흰 눈의 흰색이 흰 옥의 흰색과 같다는 말인가白羽之白也, 猶白雪之白, 白雪之白, 猶白玉之白與?"에서 볼 수 있다. 이것은 고자告子의 말에 대해 맹자가 다시 물은 것이다. 고자는 명가名家사상에서 말하는 것처럼 이름이 같으면 속성도 동일하다고 주장했다. 흰색은 어디에 놓여 있어도 모두 흰색이라는 것이다. 흰 깃털의 흰색과 흰 눈의 흰색이 동일한 것처럼 사람이 가지고 있는 본성과 개가 가지고 있는 본성도 그 이름이 같기 때문에 서로 다를 수 없다고 주장한 것이다.

맹자는 동물과 사람이 동등하게 가지고 있는 생리적인 본성이 아니라 사람만이 가지고 있는 특별한 본성이 존재한다고 말했다. '본성'이라는 이름이 같아도 사람에게는 태어날 때부터 선한 본성이 내재되어 있기 때문에 그것이 사람과 금수를 구분해줄 수 있다는 것이다. 그래서 흰 깃털의 흰색과 흰 눈의 흰색 그리고 흰 옥의 흰색이 모두 흰색이라는 이름을 공유하지만 전혀 다른 속성을 지닐 수 있다는 점을 강조하면서 명가사상을 비판하고 있는 것이다.

백설 공주만큼이나 사악한 왕비도 겉모습은 아름다웠다고 한다. 다만 탐욕스럽고 사악한 마음을 가지고 있었기 때문에 세상에서 가장 예쁜 사람이 될 수 없었다. 백설 공주는 외면의 아름다움뿐만 아니라 내면의 선함을 가지고 있었기 때문에 최고의 미녀가 될 수 있었다. 맹자가 주장하는 선한 본성은 겉모습이 아니라 인간이라면 무릇 가지고 태어나는 내재적인 것을 의미한다. 아무리 아름다운 외모를 가지고 있어도 인성을 기르지 않으면 그것은 금수와 다름없다는 것이다.

맹자의 성선설과 백설 공주를 연결해보는 것은 얼토당토아니한 일이기도 하지만 아름다운 외모만이 사람다운 모습을 완성할 수 없다는 점에서 통하는 부분이 있다는 생각이 든다. 사람이 반드시 가지고 있는 선한 본성이 발현되지 않으면 아무리 아름다운 외모를 가지고 있어도 진정한 아름다움을 가졌다고 볼 수 없을 것이다. 좋은 옷이나 멋진 머리 모양으로 꾸미는 것은 한순간에 얻어질 수 있지만 마음을 다듬고 정돈하는 일은 단시간에 이룰 수 없다. 맹자에 따르면 모두 선한 마음을 가지고 태어나지만 그것이 발현되는 데에는 노력이 필요하다고 한다. 아이가 겉모습만큼이나 마음속에 간직한 아름다움을 찾도록 응원해주어야 한다.

· 68 ·

부자 富者

진정한 부자는 쌓지 않고 베푼다

부자가 되고 싶은 마음은 어린아이나 어른이나 누구나 비슷하게 꿈꾸는 바이다. 동화책에서는 가난한 사람이 추위를 막을 만한 옷도 변변치 못하고 굶주리고 피골이 상접할 정도인 경우가 더 많기 때문이다. 아이의 말에 따르면 자기는 먹고 싶을 때 먹을 수 있고, 패딩이 있어 겨울을 따뜻하게 보낼 수 있기 때문에 부자라고 한다.

부자는 '부유할 부富'에 '사람 자子'를 써서 부유한 사람을 가리킨다. 중국어로는 부자보다는 '있을 유有', '돈 전錢', '사람 인人'을 써서 '돈이 있는 사람有錢人'이라는 직접적인 말을 더 자주 사용한다. 한국어로 부자는 돈을 많이 가진 사람을 나타내기도 하고, 무엇이든 많은 사람을 가리키기도 한다. 땅 부자, 장난감 부자, 책 부자라면 그 물건을 많이 가지고 있는 것이다. 마음만은 부자라는 것은 비록 재화가 넉넉하지는 않지만 만족할 줄 안다는 뜻이다.

부자라는 단어는 『장자』에서 "갖가지 많은 것을 지니는 것을 부라고 한다有萬不同之謂富"로 정의하고 있다. 마찬가지로 『주역』「계사 상」에서는 "부유한 것을 대업이라 한다富有之謂大業"라고 쓰고 있다. 만물을 모두 갖출 수 있는 사람은 없다. 모든 것을 담고 기르는 것은 오직 천지와 자연만이다. 이에 따르면 자연이 부유한 이유는 소유하지 않고 베풀기 때문이다.

『예기』에는 공자가 노나라의 애공哀公에게 선비란 "많이 쌓아두려고 하지 않고 많이 공부하는 것을 부유함으로 삼는다不祈多積, 多文以爲富"라고 말하는 대목이 있다. 물질적인 것에 거리를 두고 공부를 게을리하지 않는 것이 하나의 삶의 태도가 되어야 한다는 것이다. 하지만 실제로는 물질적인 보장 없이 예의를 갖춘 선비가 되기란 어렵다. 『사기』의 「화식열전貨殖列傳」에서 사마천은 부를 증식하는 것이 사람의 타고난 본성이라 배우지 않아도 누구나 바라는 것이라고 했다. 『관자』에는 '창고가 가득 차야 예의를 안다倉廩實 則知禮節'라는 말이 나온다. 부에 대해서는 예나 지금이나 엇갈린 견해가 있다.

동화책에 나오는 부자는 대개 탐욕스럽고 만족할 줄 모르는 사람인 경우가 많다. 욕심은 재앙을 초래하고 결국 파국을 맞는다. 그래서 부자에 대해 부정적인 인상을 갖기 쉽다. 하지만 돈만 많이 있고 어려운 사람을 돌아볼 줄 모르는 사람은 고전적 의미에서의 부자라고 볼 수 없다. 부富는 '유전有錢', 즉 '돈이 있다'라는 뜻만 지니지 않기 때문이다.

부자는 부를 축적하는 것의 의미만 가지지 않기 때문에 부자가 되기는 더욱 어렵다. 「계사 상」에 따르면 부는 자연을 닮아가는 일이다. 풍부한 것을 나눌 줄 아는 것, 나누면 줄지 않고 오히려 늘 수 있다는 것을 아는 것이 진정한 의미의 부자인 것이다. 그런 의미에서 『크리스마스 캐럴』에 나오는 스크루지 영감은 부자가 아니다. 이웃과 나눌 줄 모르고 오직 돈에만 마음을 쏟기 때문이다. 그는 돈을 축적하는 것이 인생의 목표인 돈의 노예 즉, 수전노守錢奴일 뿐이다. 스크루지 덕분에 아이와 부자에 대한 이야기를 나눌 기회가 있었다. 아이에게 부자와 수전노의 차이를 이해시키는 것은 쉬운 일이 아니었다. 여전히 잘 이해하지는 못하는 것 같다. 어른들도 진정한 부자와 수전노의 차이를 모르는데 아이가 쉽게 이해할 수 있다고 기대하는 것이 애초에 잘못이 아니었을까.

· 69 ·

호랑虎狼이 | 虎狼

범과 이리는 왜 호랑이가 되었을까

전래동화에 가장 많이 나오는 동물은 호랑이다. 『햇님 달님』이나 『팥죽 할머니』에서는 잔혹하고, 『꾀 많은 토끼』에서는 어리석고, 『효자 호랑이』에서는 무척 효성이 깊고 마음씨가 착하다. 나는 아이가 『햇님 달님』 같은 자극적인 이야기를 좋아할 줄 알았는데 아이가 가장 좋아하는 이야기는 『효자 호랑이』다. 우리나라에 본래 호랑이가 많이 살았다고 말해주면 아이의 눈이 반짝인다. 사람들이 호랑이를 두려워하는 '호환虎患'에 대한 이야기를 해주면 무척이나 재미있어한다.

호랑이는 '호랑이 호虎'와 '이리 랑狼'이 만나서 이루어진 말이다. 본래는 범과 이리를 호랑이라고 불러야 하는 것이다. 중국에서는 '라오후老虎', 일본에서는 '도라虎'라고 말한다. 두 나라 모두 '이리 랑狼'과 함께 쓰이지 않는다. 언제부터 호랑이와 이리를 합쳐 범으로 사용했는지는 불분명하다. 범과 호랑이를 붙여 쓰다가 호랑이로 이름이 굳어진 것이 아닐까. 호랑이와 관련된 속담은 '호랑이도 제 말 하면 온다', '호랑이에게 물려 가도 정신만 차리면 산다', '호랑이 없는 골에 토끼가 왕 노릇 한다' 등 무수히 많다. 호랑이는 단군신화에도 등장한다. 호랑이는 역사의 시작부터 삶의 곳곳에서 함께했던 동물이다.

"범의 굴에 들어가야 범의 새끼를 잡는다不入虎穴, 焉得虎子." 『후한서』의 이 대목에서 호랑이라는 말이 나온다. 『시경』에는 "나란히 달려 두 마리 이리를 뒤쫓았는데竝驅從兩狼兮"라는 구절에서 이리를 볼 수 있다. 고전에서는 이렇게 범과 이리라는 말이 따로 쓰인다.

『사기』의 「한장유열전韓長孺列傳」에서는 "친아버지가 있다고 해도 그가 호랑이가 되지 않으리라는 것을 어찌 알며, 친형이 있다고 해도 그가 이리가 되지 않으리라는 것을 어찌 알겠는가雖有親父, 安知其不爲虎? 雖有親兄, 安知其不爲狼?"라는 말이 나온다. 아무리 가까운 사이라고 해도 속내를 완전히 알 수는 없다는 것이다. 『논어』에는 "꾸밈이 바로 바탕이고, 바탕이 바로 꾸밈이다. 호랑이와 표범의 털 없는 가죽은, 개와 양의 털 없는 가죽과 같다文猶質也, 質猶文也. 虎豹之鞹猶犬羊之鞹"라는 말에서 호랑이가 등장한다.

호랑이를 실제로 볼 수는 없지만 호랑이가 가진 당당함과 위엄은 여전히 사람들의 마음을 자극한다. 호랑이 줄무늬는 여전히 간담을 서늘하게 하고 위협적으로 느껴지게 한다. 호랑이의 바탕은 이미 사라진지 오래다. 예전처럼 가까이 살아서 사람의 목숨을 해치지는 못하기 때문이다. 그럼에도 오랫동안 쌓아온 명성과 용맹한 겉모습이 여전히 꾸밈이 되어준다. 바탕은 미미하지만 꾸밈이 여전히 사람들의 마음속에 남아 있는 것이다. 바탕이 꾸밈에 영향을 주는 것처럼 꾸밈도 바탕에 영향을 주는 것이다.

나의 마음속에서 호랑이와 이리의 마음을 겉으로 내보이지 않으면 타인은 그것을 알 수 없다. 그래서 겉으로 드러내는 모습은 무척이나 중요하다. 모든 사람은 겉모습이 단정한 사람에게 최초로 좋은 감정을 품기 마련이다. 꾸밈이 바르면 누구나 그 사람에게 단정한 마음을 기대한다. 그러한 시선은 자연스럽게 내면에도 좋은 영향을 준다. 누구나 호랑이와 이리의 마음보다는 더 선하고 올바른 마음을 꺼내기 위해 노력해야 할 것이다.

· 70 ·

기계 機械

답은 기계가 아니라 마음속에 있다

〈은하철도 999〉는 나도 기억이 나지 않을 정도로 오래된 만화다. 아이가 태어나기 전에 시어머니께서 손주랑 보고 싶다고 미리 사두셨다. 그래서 아이가 처음으로 완창한 노래도 〈은하철도 999〉가 되었다. 철이라는 아이가 기계인간이 되기 위해 별들을 여행하는 이야기다. 사람이 기계가 되는 것은 상상에 불과한 일이었는데 이제는 기술이나 산업에 등장하는 말이 되었다. 만화의 결론처럼 인간의 기계화는 암울한 미래를 안겨줄까 아니면 전혀 다른 모습으로 다가올까.

기계는 '베틀 기機'와 '틀 계械'가 만나서 동력을 써서 움직이거나 일을 하는 장치를 말한다. 사람에게 '기계 같다'라고 하면 정확하다는 칭찬이 되거나 반대로 생각이나 행동이 틀에서 벗어나지 못한다는 의미가 되기도 한다. 또는 자기의 생각이 아니라 남의 뜻에 따르는 인형이나 꼭두각시를 기계로 비유하기도 한다. 기계는 정확하다는 측면에서는 긍정적이지만 개인의 자유와 의지의 측면에서는 부정적인 의미를 가진다.

『장자』에는 "나는 내 스승에게 들었소만, 기계[따위]를 갖는다면 기계에 의한 일이 반드시 생겨나고 그런 일이 생기면 반드시 기계에 사로잡히는 마음이 생겨나오吾聞之吾師, 有機械者, 必有機事, 有機事者, 必有機心"라는 말이 나온다. 당시의 기계인 두레박을 사용하면 그렇지 않을 때보다 편리하지만 마음이 기계에 사로잡히게 된다는 것이다.

『회남자』에서도 마찬가지로 기계의 마음이라는 것은 꾸미는 마음이라고 한다. "꾸미는 마음이 가슴속에 감추어져 있으면 순백한 것들이 순수하지 못하게 되고, 정신의 덕이 온전하지 못해 자신에게 있는 것도 알지 못하게 된다機械之心藏於胸中, 則純白不粹, 神德不全, 在身者不知." 이 글귀에서 기계는 마음속의 덕을 어지럽히고 자신에게 있는 것도 알지 못하게 하는 대상이다. 외부의 것을 이용하려는 마음은 결국 자기의 것을 잃어버리는 결과를 자초한다는 것이다.

아이에게 보다 편한 학습법과 장치가 넘쳐나는 시대다. 이렇게 하면 공부를 게임처럼 할 수 있고, 저렇게 하면 고민 없이 문제를 빨리 해결할 수 있다고 한다. 물론 이 시대에 『장자』나 『회남자』에서 말하는 것처럼 편리함과 완전히 거리를 둔다는 것은 불가능하다. 하지만 어려서부터 기계를 손에 쥐고 편리함에만 의존하는 것은 생각해볼 일이다. 누군가는 미래는 누구도 모르니 쉽게 조언할 수 없다고 말한다. 하지만 오래전 과거나 멀고 먼 미래에도 자기 자신을 지키는 것보다 더 소중한 것은 없다.

그런 의미에서 나는 내 아이가 단숨에 문제를 해결하지 않았으면 좋겠다. 궁금한 것이 있을 때 가장 먼저 해봐야 하는 것은 어딘가에 검색을 하고, 바로 선생님을 찾아서 답을 듣는 것이 아니라 스스로 따져 물어볼 줄 아는 것이다. 터무니없는 답이라고 해도 스스로 생각할 시간을 가져야 하는 것이다. 배움은 최소한의 인내심이 필요한 일이기 때문이다. 가장 먼저 의지해야 할 것은 그 무엇도 아닌 자기 자신이다.

지식의 양으로 따진다면 인간은 기계에 비할 바가 못 된다. 하지만 아무리 작은 물음이라도 그것을 자기에게 묻고 고민하는 시간이 없으면 아이는 언제나 생각할 줄 모르고 자신을 믿을 수 없게 된다. 왜냐하면 자기가 아니라 외부에 답이 있다는 것을 이미 알고 있기 때문이다. 스스로를 믿고 견뎌내는 시간은 기계가 주는 정확한 정보에 비할 수 없는 가치를 가진다. 기계가 발전한 이유는 기계 같은 인간이 아니라 틀에서 벗어난 사람 덕분이다. 답은 기계가 아니라 사람에게 있다.

· 71 ·

허영 虛榮

허영보다는 내실

『빨강머리 앤』에서 마릴라 아주머니는 언제나 앤에게 허영심이 생길까봐 노심초사한다. 실용적인 옷을 입지 않고 유행을 따르는 것, 그대로의 머리색에 불만을 가지는 것에 대해 걱정을 한다. 나도 아이가 더우나 추우나 공주 옷을 입으려고 할 때 비슷한 고민이 생긴다. 이맘때 잠깐이라는 주위의 조언을 들으면서도 괜스레 걱정이 되는 것이다

허영은 '빌 허虛'와 '영예榮譽'나 '영화榮華'에서 쓰이는 '영榮'이 만나서 만들어진 말이다. 영에는 꽃이라는 의미도 들어 있다. '부귀영화富貴榮華'나 '영고성쇠榮枯盛衰'에서도 쓰인다. 허영이라는 것은 자기 분수에 넘치고 실속이 없이 겉모습뿐인 명성이나 필요 이상의 겉치레를 의미한다. 허영에 들뜨면 내실을 잃고 치장하는 데에만 관심을 기울이게 된다.

"광주리를 채운 음식이 없는 것은 빈 광주리를 받든 것이다無實, 承虛筐也"라는 『주역』의 구절에서 '허虛'는 비어 있다는 의미로 쓰였다. 비어 있기 때문에 진실하지 않은 것을 가리키기도 한다. 『사기』에서 사마천은 맹상군에 대해 "세상에 전해지기를 맹상군은 빈객을 좋아하여 스스로 즐겼다고 했는데, 그 명성이 헛된 것만은 아니구나!世之傳孟嘗君好客自喜, 名不虛矣"라고 평가한다. 여기에서 '허'는 가짜나 헛된 것을 말한다. 도가에서 '허'는 비어 있고 고요한 무위의 자연을 말한다. 『노자』의 한 대목 "허를 이루기를 극진히 하고致虛極"는 마음이 텅 빈 극치를 이룬다는 말이다. 『한비자』 가운데 "아무 일도 하지 않고 아무 생각도 하지 않으며 텅 비고 고요한 상태를 귀하게 여기는 까닭은 그 의지가 외부로부터 구속받지 않기 때문이라고 한다所以貴無爲無思爲虛者 謂其意無所制也"에서도 같은 의미로 사용되었다.

'영榮'은 『초사』에서 꽃을 이른다. 『초사』의 '귤송' 가운데 "푸른 잎에 흰 꽃은 어지러이 즐겁게 한다綠葉素榮, 紛其可喜兮"에서 '영'이 보인다. 『주역』「계사 상」의 한 대목 "영예와 치욕도 언행을 어떻게 하느냐에 달려 있다樞機之發, 榮辱之主也"에서는 '영예'나 '명예'로 쓰였다.

선행은 예습과 다르다. 예습은 제 학년에 맞는 공부를 미리 해서 대비하는 것이고 선행은 몇 년의 과정을 빠르게 끝내는 것을 말한다. 언어는 단계가 모호하기 때문에, 대개 선행이라고 하면 수학을 지칭한다. 그런데 수학이라는 과목이 어려운 이유는 모르는 것이 무엇인지 쉽게 파악하지 못한다는 데에 있다. 무엇을 아는지, 무엇을 모르는지 모르기 때문에 다른 아이들보다 더 수준 높은 공부를 한다는 것이 영예롭게 느껴진다. 하지만 그 안이 제대로 채워질 리 만무하다. 안타깝게도 선행이 효과적인지에 대한 논쟁은 뜨겁지만 그것 때문에 아이들이 빠지는 허영에 대해서는 비교적 관심이 덜하다.

수학은 혼자 시간을 가지고 고민하지 않으면 깨달음을 얻기 어려운 과목이다. 또 하나라도 채우지 못하고 속도를 내면 어김없이 무너지는 순간이 찾아온다. 그러한 아픔을 준 사람이 부모가 되어서는 안 된다. 『채근담』에는 "곱지만 일찍 시드는 것이 담박하고 오래감만 못하고, 일찍 꽃망울을 터뜨리는 것이 서서히 영글어가는 것만 못하다는 것은 진정 거짓이 아니로다信乎. 濃夭不及淡久, 早秀不如晚成也"라는 말이 나온다. 빨리 피는 아름다운 꽃은 오래 못 간다. 아이들에게는 곱고 화려한 껍데기가 아니라 내실을 다질 시간을 주어야 한다.

· 72 ·

짐작 斟酌

타인의 어려움을 짐작하는 것

『곰돌이 푸』의 말미에 크리스토퍼 로빈은 숲속 친구들과 헤어져야 한다. 이제 학교에 가야 하기 때문이다. 푸와 친구들은 학교가 그저 알파벳을 외우고 브라질이 어디에 있는지 알려주는 곳이라고 짐작할 뿐이었다. 이때 아이가 처음으로 '짐작'이라는 단어를 접하게 되었다. 아이가 한글을 조금씩 읽기 시작해서 예쁜 그림책을 하나 선물해주고 싶었다. 아빠와 함께 서점에 가서 읽을 수 있는 그림책을 한 권 사오라고 했더니 '어른들을 위한 곰돌이 푸' 책을 골라왔다. 곰돌이 푸의 행동과 모습이 너무 사랑스럽고 귀여워서 아이도 푹 빠지고 말았다.

'짐작斟酌'은 미루어 생각하고 어림을 잡는 것을 말한다. '짐斟'과 '작酌'은 모두 술을 따르는 행위를 말한다. 혼자 술을 따라 마시는 것을 '자작自酌'이라고 하고 마주 대하고 마시는 것을 '대작對酌'이라고 한다. 앞으로 어떤 일을 하기로 작정酌定한다고 할 때도 같은 한자를 쓴다. 술을 붓는 행위가 왜 미래에 대한 선택을 의미하게 된 것일까. 술을 따라주는 것이 다른 사람의 입장을 예측하는 세심한 행위이기 때문일까.

『순자』에는 "현명한 군주는 반드시 그 화합을 힘써 기르고 그 말류를 절제하며 그 근원을 개간하여 때맞추어 조정하고明主必謹養其和, 節其流, 開其源, 而時斟酌"라는 말이 나온다. 여기에서 '짐斟'은 술을 부족하게 따르는 것이고, '작酌'은 넘치게 따르는 것을 말한다. 그래서 부족하지도 과도하지도 않다는 의미에서 조정하고 조절한다는 뜻으로 쓰였다.

작정이 지금과 같은 의미로 쓰인 것은 두보의 시이다. 두보의 시 '월月'에는 "짐작건대 항아는 과부일 테니, 쌀쌀한 이 가을 어찌 견디려나斟酌姮娥寡, 天寒耐九秋"라는 구절이 나온다. 다른 사람의 어려움을 짐작해서 걱정하고 있는 것이다.

누군가가 처한 상황을 알고, 정확한 마음을 아는 것은 불가능하다. 하지만 그것을 짐작할 수는 있다. 짐작하는 것은 다른 사람의 마음을 단정하는 것이 아니라 그럴 수도 있지 않을까 하고 마음을 써주는 일이다. 『회남자』에는 "나뭇잎이 하나 떨어지는 것을 보고 한 해가 저물어 가는 것을 알고, 병 속의 얼음으로 천하가 춥다는 것을 안다見一葉落, 而知歲之將暮. 睹瓶中之冰, 而知天下之寒"라는 말이 있다. 모든 사람의 상황을 각각 파악해야 사람에 대한 이해가 생기는 것은 아니다. 나의 마음을 잘 들여다보고 살펴볼 줄 아는 사람은 다른 사람의 어려움도 민감하게 포착

할 수 있다.

나의 어린 시절을 돌아보면 고민이 많았던 것 같다. 내가 힘들다고 느끼는 것이 있었기에 다들 친구들도 비슷할 것이라고 짐작할 수 있었다. 스스로의 감정을 이해받고자 하는 것처럼 다른 사람도 마찬가지의 욕구가 있다는 것을 미루어 알게 되었다. 주희의 『여범직각서與氾直閣書』에는 자기의 마음을 미루어 보아 타인에게 미친다는 뜻의 '추기급인推己及人'이라는 말이 나온다. 자신의 마음으로 타인을 볼 줄 알면 타인에 대한 원망과 미움보다는 이해와 사랑을 줄 수 있는 사람이 될 수 있다. 무엇보다 자기 감정에 대한 알아차림이 타인의 어려움을 짐작하고 공감하는 마음으로 이어지는 것이리라.

· 73 ·

미녀 美女

자신만의 매력을 찾아야 한다

『미녀와 야수』는 남녀노소가 좋아하는 이야기다. 겉으로 보이는 아름다움이 아니라 내면의 아름다움이 중요하다는 이 이야기는 만화영화로도 여러 번 만들어졌다. 아이에게 미녀라는 말을 가르치는 것은 어렵지 않았다. 『미녀와 야수』 이야기를 지겨워서 보지 않을 정도가 되었으니 말이다.

미녀는 '아름다울 미美'와 '여자 여女'가 만나서 이루어진 말이다. 국어사전에는 '얼굴이 아름다운 여자'라고 정의되어 있다. 미인의 뜻은 조금 다르다. 미인은 얼굴이나 몸매가 아름다운 사람을 말하기도 하고, 재덕才德이 뛰어난 사람을 이르기도 한다. 『미녀와 야수』에 나오는 미녀는 얼굴만 아름다운 것이 아니라 책을 좋아하고 내면을 볼 줄 아는 사람이기 때문에 한글사전에 따른다면 미녀가 아니라 미인이라고 할 수 있다. 내가 어렸을 때는 '계집 여女'로 배웠다. 내 이름에 들어가는 희도 '계집 희姬'고 아이의 이름에 들어가는 원도 '계집 원媛'이었는데 이제는 모두 여자라는 표현으로 바뀌었다. 계집은 여자를 낮잡아 부르는 말이기 때문이다.

『묵자』에서 공맹자가 "미녀가 들어앉아 나가지 않으면 많은 사람들이 다투어 구혼하지만, 돌아다니면서 스스로 뽐낸다면 아무도 아내로 맞이하지 않을 것입니다譬若美女, 處而不出, 人爭求之, 行而自衒. 人莫之取也"라고 말하는 대목이 있다. 현자는 유세하며 돌아다니는 수고를 해서는 안 된다는 것을 의미한다. 이에 묵자는 미녀를 찾는 일과 선을 찾는 일은 다르다고 답한다. 세상에 미녀를 구하는 사람은 많지만 선을 추구하는 사람은 적기 때문에 나서서 유세해야 한다는 것이다.

『장자』에는 아름다움을 모방하는 이야기가 나온다. "서시가 가슴을 앓아 이맛살을 찌푸리고 있었더니 그 마을의 추녀가 [그녀를] 보고 아름답다 여기고 [집으로] 돌아오자 역시 가슴에 손을 얹고 이맛살을 찌푸렸다西施病心而矉其里, 其里之醜人見而美之, 歸亦捧心而矉其里." 이 모습을 보고 부자는 문을 걸어 닫고, 가난한 사람은 처자를 이끌고 달아나버렸다고 한다. 본래 아름다움을 지녔기 때문에 아름다운 것인지, 찌푸린 얼굴 때문에 아름다운 것인지 알지 못했다는 것이다.

『장자』에 등장하는 추녀는 본질에는 관심이 없고 겉모습만 모방한다. 이는 쓸모없을 뿐만 아니라 오히려 자신에게 해가 되는 결과를 초래하고 말았다. 아이를 키우다 보니 육아나 교육에도 유행이 있다는 것을 알게 되었다. 물론 여러 가지 교육 방식을 접하고 그로부터 좋은 것을 찾아내어 아이들에게 적용하는 일은 유익한 일이다. 하지만 겉보기에 좋아 보인다고 바로 따라 하는 것은 서시의 찡그린 얼굴을 따라 하는 것과 다를 바가 없다.

수박 겉핥기 식으로 다른 나라 아이들이 어떤 교육을 받는지 둘러보는 것도 별로 도움이 되지 않는다. 다른 나라의 교육철학이 우리와 맞는지부터 먼저 판단할 수 있어야 한다. 모방은 무용함에 그치지 않고, 아이들을 커다란 혼란에 빠뜨린다. 차분하게 배울 수 있는 기회를 잃고, 매번 유행에 따라가는 배움에 그치고 마는 것이다. 교육은 백 년을 보고 정해야 한다는 말은 지나치게 상식적이기 때문에 재차 언급할 가치도 없다. 다른 사람의 아름다움이 아니라 자신만의 매력을 찾는 것이 우선이다.

· 74 ·

가난 | 艱難

'어려움艱難'이 '가난艱難'이 된 이유

'가난'은 동화책에 자주 사용되는 소재다. 『성냥팔이 소녀』, 『왕자와 거지』, 『플랜더스의 개』처럼 가난한 사람이 등장하는 이야기는 셀 수 없을 만큼 많다. 특히 가난은 부모에 대한 학대, 사회에서의 차별, 인간다운 삶의 박탈, 죽음에까지 이르도록 한다. 아이가 사촌동생과 역할놀이를 할 때 가난한 상황을 설정하는 것을 보고 빈부貧富에 대해서 인지하게 되었다는 것을 알게 되었다. 아이에게 가난이 무엇이냐고 물었더니 '배를 주리는 것'이라고 대답한다. 자기는 밥을 배불리 먹을 수 있다며 다행이라는 표정을 짓는 것이다.

가난은 본래 한자 '간난艱難'에서 온 말이라고 한다. 간난에서 첫음절의 ㄴ은이 빠져서 지금 사용하는 말이 된 것이다. 한자로는 몹시 힘들고 고생스럽다는 뜻인데 지금은 경제적으로 넉넉하지 못하다는 데에만 쓰인다. 한자어로 '가난할 빈貧'이라는 말은 '빈하다', '빈천하다'로 사용할 수 있지만 일상적으로는 자주 쓰이지 않는다.

『시경』의 '중곡유퇴中谷有蓷'에 나오는 시구, "슬픈 소리로 탄식함은 그 사람을 만난 고난 때문이라嘅其嘆矣, 遇人之艱難矣"에서 간난은 사람과의 이별에서 오는 곤란함을 말한다. 소식이 지은 '하구양소사치사계賀歐陽少師致仕啟' 중 "공께서 몸소 거쳐온 수많은 고난들이 기개와 절개를 드러냅니다躬履艱難, 而節乃見"에서도 마찬가지 의미로 쓰였다.

『서경』에서도 비슷하지만 혼란스러운 정치나 위난을 이른다. "원자인 교를 경건하게 보호하여 어려운 일에도 널리 해결하도록 하라用敬保元子釗, 弘濟於艱難"에서는 후계자를 위난에서 구해달라고 부탁하고 있다.

부유하다고 해서 고민이 없으면 사는 것이 훨씬 간단한 일이 될 것이다. 그렇게 생각하면 어떤 선에서 해결에 이른다고 볼 수 있기 때문이다. 하지만 삶이 몹시 힘들고 고생스러운 것은 경제적인 이유에만 있지 않다. 그래서 곤란함이 곧 가난함이라는 말은 옳은 말이 아니다. 경제적으로 여유가 있다고 삶의 어려움이 해결되는 것도 아니다.

그럼에도 경제적으로 허덕이는 사람이나 먹을 것이 부족한 사람에게는 경제적인 것이 삶의 전부이다. 간난艱難이라는 한자가 빈궁貧窮하다는 의미로 쓰인 이유는 아마도 너도나도 먹고살기 힘든 괴로운 상황 때문이었을 것이다. 기본적인 생계를 유지하는 일조차 어려운 사람에게 돈이 인생의 전부가 아니라고 말하는 것은 무척이나 공허하고 무용한 이야기다. 대체로 건강을 잃고 나서야 비로소 건강의 소중함을 안다. 마찬가지로 경제적으로 여유가 있었다면 공기가 있는 것을 모르고 숨을 쉬는 것처럼 돈 말고 다른 것에 눈을 돌렸을 것이다.

『맹자』에는 "풍년에는 젊은이들이 나태해지고 흉년에는 젊은이들이 대부분 포악하게 되는데, 이것은 타고난 재질이 그처럼 다른 것이 아니라 그들의 마음을 빠져들게 하는 것이 그렇게 만드는 것이다富歲, 子弟多賴, 凶歲, 子弟多暴, 非天之降才爾殊也, 其所以陷溺其心者然也"라는 말이 있다. 맹자는 인간성과 가난이 굳게 연결되어 있다고 본 것이다. 가난이 해결되지 않으면 인간성은 때로 어려움艱難에 처하게 된다. 간난이 왜 곧 가난이 되었는지 어렵지 않게 이해할 수 있다.

· 75 ·

용감 勇敢

용감은 무력과는 다른 의미를 가진다

『오즈의 마법사』에는 겁쟁이 사자가 나온다. 겁쟁이 사자는 힘은 세지만 동물들 앞에 나서서 용맹한 모습을 보일 자신이 없다고 고민하는 캐릭터다. 생각이 깊은 허수아비는 뇌가 없다고, 눈물이 많아서 매번 녹이 스는 것을 걱정해야 하는 양철 나무꾼은 마음이 없다고 고민한다. 겁쟁이 사자는 어려운 상황이 생길 때마다 친구들을 구하면서도 스스로 용기가 없다고 자책한다. 주인공들이 자신을 알지 못해서 자책하는 부분을 아이에게 읽어줄 때마다 재미있기도 하면서 주인공들이 답답하기도 했다.

용감은 '날랠 용勇'과 '감히'나 '구태여'를 의미하는 '감敢'이 만나서 이루어진 말이다. 씩씩하고 기운찬 것을 말한다. 비슷한 말로는 '담대膽大'와 '용맹勇猛'이 있지만 이것은 무력이 세다는 말과 더 가까운 의미를 가진다. 반대말은 '비겁卑怯'이나 '겁怯이 많다'라는 말이 있는데 비겁에는 겁이 많은 것뿐만 아니라 비열하다는 뜻도 있다.

『장자』「서무귀徐無鬼」에는 "무력이 있는 자는 난관을 맞아 스스로를 자랑하고, 용감한 자는 재앙과 근심을 만나 분발한다筋力之士矜難, 勇敢之士奮患"라는 말이 나온다. 힘이 센 사람은 앞에 나서기를 좋아하고 자랑하지만 용감한 사람은 어려운 일 앞에서 물러서지 않고 최선의 노력을 다하는 것이다. 『춘추좌전』에는 "전쟁이라고 하는 것은 용기를 북돋우는 것입니다夫戰, 勇氣也"라는 말이 나온다. 스스로 할 수 있다고 믿는 마음, 장자 말과 마찬가지로 자신감을 가지고 어려움을 극복하려는 마음을 가지게 해야 전쟁에서 승리할 수 있다는 뜻이다.

공자는 『중용』에서 "치욕을 알면 용기에 가까워진다知恥近乎勇"라고 했다. 치욕과 용기는 언뜻 상반된 뜻을 가지는 것 같지만 오히려 치욕을 경험하고 그것에 대해 인내하는 것을 알아야만 진정한 용기를 가질 수 있는 것이다. 많은 사람들은 용기가 무조건 앞으로 나아가는 것이라고 생각하지만, 공자는 치욕을 참아내는 것이 곧 용기라고 본 것이다.

겁쟁이 사자는 스스로 용감하지 않다고 생각했기 때문에 끊임없이 그것을 얻기 위해 노력했다. 힘이 세면서도 과시하지 않고, 친구들에게 진심을 다하는 사자는 이미 처음부터 용감했던 것이다. 자기가 가진 결점을 친구에게 솔직하게 고백하고 그것을 얻기 위해 노력하는 것이 곧 용기이기 때문이다. 남들보다 잘하는 것이 생겼을 때 과신하며 자랑만 늘어놓는 사람이 아니라 스스로의 약점을 돌아볼 수 있는 사람이야말로 내면의 힘을 다져나갈 수 있다.

'용감'이라는 것도 결국 다른 사람에게 보여지는 것이 아니라 내면에서 찾아야 하는 것이다. 나의 어려움 앞에 쉽게 굴복하지 않고 밀고 나가는 것이 용감한 것이고, 나의 결점을 개선하는 데 주저하지 않는 마음이 용감한 것이다. 이는 사람과의 관계에서도 마찬가지로 도움이 된다. 자기의 힘을 과신하는 사람은 다른 사람의 말과 행동에 빠르게 반응하기 마련이다. 반면에 용감한 사람은 그런 것들에 대해 차분한 마음을 가진다. 반응이 느린 것은 치욕스러운 것이 아니라 사려 깊은 태도인 것이다. 그것은 나의 마음을 지키는 동시에 남의 마음에도 쉽게 생채기를 내지 않는다. 몸에 밴 조심성을 가지고 자기의 마음을 어루만지고 남에게 쉽게 내뱉지 않는 것이 용감함을 지닌 모습이다.

· 76 ·

정직 | 正直

남에게 거절할 줄 아는 정직함

『금도끼 은도끼』, 『벌거벗은 임금님』은 모두 정직에 관한 이야기다. 나무꾼은 금도끼 은도끼가 모두 자기 것이 아니라고 솔직하게 말해서 그것을 모두 상으로 받았다. 반대로 벌거벗은 임금님은 옷이 보이지 않는다는 것을 정직하게 말하지 않아서 사람들의 비웃음을 샀다. 그러나 현실에서는 정직하면 상을 받고 정직하지 않으면 벌을 받을 것이라는 믿음이 통하지 않을 때가 있다. 정직하게 호불호를 말하고, 정직하게 거절할 줄 아는 사람은 당장 사람들에게 미움을 받을까 걱정한다.

정직은 '바를 정正'과 '곧을 직直'이 만나 이루어진 말이다. 마음에 거짓이나 꾸밈이 없이 바르고 곧다는 것을 뜻한다. 정직은 거짓말을 하지 않는 것이다. 거짓말은 사실이 아닌 것을 꾸며대는 것이다. 하지만 '거짓말도 잘만 하면 논 닷 마지기보다 낫다'는 속담이 있듯이 거짓말이 살아가는 데 도움이 된다는 말도 있다. '하얀 거짓말'은 남에게 해가 되지 않는 선의의 거짓말이라는 뜻이다. 정직보다 거짓말도 할 줄 알아야 하는 처세도 나름의 설득력을 가지고 있다.

『상서尙書』의 「홍범洪範」에는 세 가지 덕에 대한 말이 이렇게 나온다. "세 가지 덕이라 함은 첫째가 정직이고, 둘째가 강함을 가지고 나라를 다스리는 것이고, 셋째가 부드러움을 가지고 다스리는 것이다三德: 一日正直, 二日剛克, 三日柔克." 사람을 대할 때 정직하게 하는 것이 첫째이고, 그 다음이 강함으로 이끄는 것이고, 마지막이 조화로울 줄 아는 것이라고 했는데 이 세 가지를 모두 갖추어야 덕이 완성된다는 것이다.

『논어』에는 "누가 미생고가 정직하다고 말하는가? 어떤 사람이 식초를 빌리러 갔더니, [자기 집에 없다고 하지 않고] 그 이웃집에서 빌려다가 그 사람에게 주었더라孰謂微生高直. 或乞醯焉, 乞諸其鄰而與之"라는 이야기가 나온다. 자신에게 없는 것을 있다고 속이는 것은 정직하지 못하다는 것이다. 『채근담』에서도 "자신의 뜻을 굽혀서 남을 기쁘게 하느니 차라리 자신의 행실을 올곧게 하여 남의 미움을 받는 것이 낫다曲意而使人喜, 不若直躬而使人忌"라고 한다. 마찬가지로 남의 비위를 맞추는 것은 잘못되었다고 본 것이다.

비위는 '비장脾'과 '위장胃'을 가리키는 말로, 타인의 기분이나 호불호에 맞추기 위해 노력하는 것을 '비위를 맞춘다'고 한다. 미생고가 식초를 빌려준 것은 타인이 좋아하는 것을 맞추기 위해서 자기에게 없는 것을 솔직하게 말하지 못한 것이다. 남의 비위를 맞추기 위해서 정직하지 않기로 한 것이다. 남의 기분을 상하지 않게 했지만 정직함을 잃게 되었기 때문에 공자가 문제 삼은 것이다.

다른 사람에게 실망을 안겨주거나 미움을 사는 일은 누구에게나 즐거운 일이 아니다. 하지만 정직하지 못한 것은 언젠간 자신과 타인에게 돌이킬 수 없는 실망감을 안겨줄 것이다. 누구도 언제까지 남의 비위를 맞추며 살 수 없기 때문이다. 아이도 친구들과 사이좋게 지내야 하지만 때로는 거절해서 친구의 마음을 상하게 해야 할 때가 찾아올 것이다. 그럴 때는 속이는 것보다 정직한 것이 더 옳다. 마찬가지로 친구가 거절하는 것도 인정할 줄 알아야 그다음이 편하다. 정직함 때문에 생긴 작은 실망은 금방 사라지지만 처세를 위한 거짓말은 서로에게 더 큰 아픔과 실망감을 안겨줄 테니까.

· 77 ·

상상 想像

코끼리의 뼈가 없이는 코끼리를 상상할 수 없다

어렸을 때는 『빨강머리 앤』보다 더 재미있는 이야기들이 많았다. 모험을 떠나거나 안타까운 사랑 이야기가 앤의 이야기보다 더 흥미진진하게 느껴졌다. 아이를 일 년 동안 정신없이 키우고 돌이 될 무렵 나에게 선물을 주고 싶어 이 책을 다시 한번 읽어보았다. 요즘은 몇 달째 매일 아이에게 한두 장씩 읽어주고 있다. 처음에는 재미없어했던 아이가 앤이 퀸스에 있는 학교에서 1등을 하자 뛸 듯이 기뻐할 정도로 좋아하게 되었다.

앤이 가장 좋아하는 일은 상상이다. 상상은 '생각할 상想'과 '모양 상像'이 만나서 만들어진 말이다. 실제로 경험하지 않은 현상이나 사물에 대하여 마음속으로 그려보는 것이다. 예전에는 '모양 상像'이 아니라 '코끼리 상象'으로 쓰였었다. 코끼리를 실제로 보지 못해서 그 모습을 그려본 것에서 상상이라는 말이 생겨난 것이다. '미래를 상상'하는 것은 '머릿속에 그려보는 것'이고, '이런 일은 꿈에도 상상하지 못했다'고 하는 것은 '예측하거나 예상하지 못했다'라는 뜻이다.

『한비자』에 '노자를 풀이하는解老' 부분에서 상상이라는 말이 등장한다. "인간은 대부분 살아 있는 코끼리를 본 일이 거의 없으므로, 죽은 코끼리 뼈의 모습을 얻어 그것을 그린 그림의 근거로 살아 있는 코끼리를 상상한다. 그래서 사람들이 마음속으로 상상한 것을 모두 코끼리라고 한다人希见生象也 而得死象之骨 案其图以想其生也 故诸人之所以意想者皆谓之象也"가 바로 그 대목이다. 한비자는 정확하게 그릴 수 없는 코끼리에 빗대어서 영원한 도道도 마찬가지로 정확한 말로 표현할 수 없다고 했다.

굴원의 시 한 대목, "옛 친구를 생각하며 그 모습을 그려보고思旧故以想象兮, 长太息而掩涕"에서 오늘날 상상의 의미가 보인다. 지금은 비록 옆에 있지 않지만 친구의 모습을 그려보는 것도 상상이라는 것이다.

한비자에서 코끼리를 상상할 수 있는 것은 코끼리의 뼈가 있기 때문이고, 굴원이 옛 친구를 상상할 수 있는 이유는 옛 친구와 함께했던 시간이 있었기 때문이다. 상상은 그래서 완전히 없는 것無에서부터 생겨나는 것은 아니다. 앤이 상상력을 가진 이유는 주위의 사물에 관심이 많고 갖가지 이야기에 흥미를 가졌기 때문이다. 직접적이거나 간접적인 경험 없이 무턱대고는 어떤 상상도 불가능한 것이다. 상상할 만한 거리에는 나름의 실제가 있어야 한다. 기댈 만한 실체가 거의 없는 상황에서 생각하는 것은 '상상想像'보다는 '공상空想'에 가까운 일이다.

어려서 아이에게 상상력을 길러주어야 한다는 말은 언제 들어도 곤혹스러운 말이다. 누군가는 답을 알려주기보다는 스스로 상상의 나래를 펼쳐서 독특한 사고를 할 수 있도록 돕는 것이라고 말한다. 외우고 익혀야 하는 교육이 아이들의 상상력을 저해한다는 말을 들어본 적도 있다.

만약 아무것도 없는 것에서 독특한 생각이 튀어나오는 것을 상상이라고 정의한다면, 나의 아이는 상상력이 없다. 그것은 부모인 나도 마찬가지다. 그렇지만 만약 배움과 경험을 나름대로 해석해서 말로 표현하는 것이 상상이라고 하면 나의 아이에게도 상상력이 있다. 나는 어설프게 공상하는 것을 아이에게 강요하고 싶지 않다. 상상은 많은 사람들의 생각을 배우고 익히는 데에서 출발해야 한다고 믿는다. 그것이 축적되면 언젠가 나름의 '코끼리를 생각想象'해볼 수 있지 않을까.

· 78 ·

질투 嫉妒

질투는 자신과 남 모두를 괴롭히는 감정이다

『백설 공주』의 새엄마, 『신데렐라』의 언니들, 『콩쥐팥쥐』에서 팥쥐, 『미녀와 야수』에서 미녀의 언니들 등, 질투하는 캐릭터는 동화에서 자주 나온다. 『피터 팬』에서 특히 팅커벨은 아름답고 사랑스러운 요정이 아니라 질투심 많은 요정이다. 웬디에 대한 질투심 때문에 독살까지 감행하는 무서운 캐릭터다. 그러나 팅커벨의 모습은 특별한 모습이 아니다. 나에게도 질투심이 있고, 아이도 질투라는 감정에서 자유롭지는 못할 것이다.

질투는 '미워할 질嫉'과 '샘낼 투妒'가 만나 이루어진 한자다. 자기보다 더 나은 처지에 있는 사람을 부러워하지 않기란 어려운 일이다. 그런데 질투는 부러움을 넘어선 증오가 섞여 있다. 질투는 '다른 사람이 잘되거나 좋은 처지에 있는 것 따위를 공연히 미워하고 깎아내리려 함'

을 이른다. 남녀 간의 질투는 자기가 좋아하는 이성이 다른 사람을 더 좋아할 때 생기는 마음이다. 두 한자 모두 '여자 여女'를 부수로 가진다. 자칫 여자들만이 가진 감정이라는 오해가 생길 수도 있지만, 고전을 보면 질투는 여자들만이 전유하는 감정은 아니다.

『한서』에는 "여러 아랫사람들이 질투하지 않는 이가 없고 신을 함정에 빠뜨려 해치려고 하는 사람이 이처럼 여러 무리입니다群下無不嫉妒欲陷害臣者, 事類如此非一"라는 말이 나온다. 동현董賢이라는 사람이 애제哀帝의 총애를 받게 되자 주위에서 질투하지 않는 신하가 없었다는 것이다.

굴원은 "세상은 혼탁해 선악을 구분하지 않고 훌륭한 이를 가리고 시기하는 것만 좋아한다世溷濁而不分兮, 好蔽美而嫉妒"라고 한탄한다. 세상은 선한 것보다 악한 것에 더 이끌리고 탁월한 사람을 깎아내리고 미워한다는 것이다. 훌륭한 사람은 꿈을 펼쳐보기도 전에 질투를 당하기 마련이라고 쓰고 있다.

아이는 아직 친구에게 자기보다 더 우월한 무엇이 있기 때문에 질투를 느낄 나이는 아니다. 하지만 벌써 자기가 좋아하는 친구가 다른 친구와 더 가깝게 지내는 것이 썩 기분 좋은 일만은 아닌가 보다. 그러한 감정을 이해하지만 아이가 때론 누군가와 더 가까울 때가 있는 것처럼 멀어질 때가 있다는 것을 알았으면 좋겠다. 친구와의 관계는 언제나 불안정할 수밖에 없다. 나보다 다른 누군가와 가까워졌다고 해서 질투의 감정을 느낀다면 언제나 불안한 마음으로 친구관계를 이어나갈 수밖에 없는 것이다.

질투의 감정을 완전하게 해소할 수는 없지만 관계에 대한 이해가 깊어지면 그런 감정이 좋지 않다는 것을 알게 될까. 아이의 말을 들어보면 자신이 선호하는 친구도 고정적이지 않다. 자신의 마음도 한곳에 머무를 수가 없는데 어떻게 다른 사람의 마음이 수시로 변하는 것을 막을 수 있을까. 고정시키려는 마음이 오히려 불안함만 키우는 것이다. 오히려 나의 마음처럼 다른 이의 마음도 변한다는 것을 인정하면 친구들에게 쉽게 질투를 느끼고 괴로워할 일이 덜할 것이다.

질투는 개인적인 고통으로만 남지 않는다. 질투는 쉽게 타인에 대한 증오의 감정을 만들어낸다. 증오의 감정은 또다시 자신의 영혼을 갉아먹는다. 그런 것들이 말이나 행동으로 표현되면 다른 사람에게 커다란 상처를 안겨줄 수 있는 것이다. 팅커벨이 가진 질투의 마음을 충분히 이해하지만 질투의 싹이 자라서 타인을 괴롭히는 지경에 이르게 해서는 안 되는 것이다.

· 79 ·

심술 心術

마음을 쓰는 선한 일

전래동화나 세계명작에서 심술궂은 사람은 흔하다. 『흥부와 놀부』, 『콩쥐팥쥐』, 『신데렐라』에 모두 심술을 부리는 사람들이 나온다. 누군가를 미워하고 그 사람이 잘되는 것을 좋아하지 않는 것, 나에게 해가 되지 않는데도 남의 기쁨을 불행으로 여기는 사람들을 심술쟁이라고 부른다. 그런 사람들은 자기가 이미 가지고 있는 행복조차 잃기 마련이다. 자기가 가진 것을 모르고 남이 가진 것을 부러워하다가 결국 모든 것을 잃고 후회하고 만다. '사촌이 땅을 사면 배가 아프다'라는 말이 심술을 보여주는 속담이다.

'심心'은 마음을 가리키고, '술術'이라는 것은 방법, 수단, 책략, 계략과 같은 의미가 있다. 흔히 말하는 술수, 전술, 권모술수의 술도 이 술에 해당한다. 심술이라는 것은 온당하지 않게 고집을 부리는 마음이나 타인이 잘못되는 것을 좋아한다는 뜻이다. '심술궂다', '심술을 놓다', '심술을 부리다', '심술머리', '심술덩어리'라고 표현할 수 있다.

고전에서는 심술이 좋은 의미로 쓰인다. 『관자』에서는 "진실하고, 성실하고, 후하게 하고, 베풀고, 헤아리고, 용서하는 것을 일러 심술이라고 한다實也, 誠也, 厚也, 施也, 度也, 恕也, 謂之心術"라고 정의한다. 같은 책에 이런 문장도 나온다. "남을 헤아리는 심술이 무엇인지 모르는 사람이 다른 사람에게 명령을 내리는 위치에 있으면 이는 과녁을 등지고 활을 쏘아 맞히려고 하는 것과 같다不明於心術, 而欲行令於人, 猶倍招而必拘之." 다스리는 사람이 반드시 심술의 미덕을 갖추고 있어야 한다는 것이다.

"사상과 감정이 먼저 밖으로 드러나야 문체가 비로소 풍부하게 나타난다네心術既形, 英華乃贍." 『문심조룡』의 이 구절은 글을 쓸 때 아름다운 수식보다 진지한 감정이 더욱 중요하다는 내용을 담고 있다. 여기에서 심술은 사상과 감정을 말한다.

아이가 장점을 가지고 있을 때 그것을 그대로 받아들이고 기뻐할 수 있는 사람은 부모뿐이다. 그런 의미에서 부모만이 아이에게 심술을 부리지 않는 사람이기도 하다. 아이에게 좋은 일이 생겼을 때 진심으로 괴로워하는 것도 마찬가지로 부모다. 전래동화에 따르면 형제, 자매간에도 심술을 부리기 때문이다. 한자나 고전의 의미로 생각해보면 심술은 누구보다 부모가 가져야 할 미덕이다. 아이에게 진실하고, 성실하고, 후하게 하고, 베풀고, 헤아리고, 용서하는 것이 부모의 역할이기 때문이다. 그러한 마음 씀 없이 자식을 가르치고 좋은 길로 인도하는 것은 불가능한 일이다. 이런 마음들을 갖추지 않고 아이를 기르는 것도 마치 과녁을 등지고 활을 쏘아 맞히려고 하는 것과 같다.

하지만 부모로서 진실해야 할 때 망설이고, 성실하게 해야 할 때 부모로서 나태한 모습을 보이게 된다. 후하게 베풀어야 할 때 인색하게 되고, 나의 감정을 추스르지 못해서 기꺼이 용서하지 못할 때도 있다. 하지만 『문심조룡』에서 말하는 심술의 의미를 생각해본다면 부정적인 마음만 가질 수 없다. 아이는 진심과 정성만 포기하지 않는다면 부족하더라도 나의 마음 씀을 알아줄 것이다. 부족한 것은 완벽하게 채워질 수 없다. 진지한 감정으로 함께한다면 아이가 건강한 어른으로 성장할 것이라 믿는다. 마음 씀의 의미를 잊지 말고, 부모의 역할에 최선을 다하는 수밖에 없다는 생각이 든다.

· 80 ·

만세 萬歲

한자는 오랫동안 사용되고 있는 우리말의 일부

어진 임금이 나오는 동화에서는 마지막에 백성들이 만세를 외친다. 아이가 아기 때에는 손을 올려주면서 '누구누구 만세' 하고 말해주기도 했다. 그러면 그렇게 기뻐할 수가 없었다. 아기에게 만세삼창이 조금 지나쳤을까 싶지만 그럴 때마다 무척이나 좋아했다. 자기에게 환호한다는 느낌을 받았기 때문일까. 아니면 마치 동화 속 임금이 된 것 같은 마음이었을까.

만세는 '일만 만萬'과 '세월 세歲'가 만나서 만년의 세월을 말한다. 그래서 오랜 세월이나 죽지 않는 영원한 삶을 가리킨다. 바람이나 경축, 환호할 때도 만세나 만만세萬萬歲를 외친다. 조선은 공식적으로 만세를 부를 수 없는 나라였다. 옛 중국이 천자를 자처했기 때문에 만세가 아니라 천세라고 외쳐야 했다. 이후에 만세는 식민지배하에 '대한독립만

세'와 같이 저항의 의미로도 쓰였다. 아이는 〈라이온 킹〉을 볼 때 만세가 완전히 다른 의미로 쓰이는 것을 보았다. "long live the king(왕이여, 만수무강하소서)"은 스카가 형 무파사를 죽일 때 마지막으로 한 말이다.

『전국책』의 「제책사齊策四」에는 풍훤馮諼이 맹상군孟嘗君을 위해 설 땅에 있는 사람들에게 '의義'를 사왔다는 이야기가 나온다 "[풍훤은] 대조를 마치자 곧 맹상군의 명을 칭해 모두 빚을 탕감하고는 빚문서를 전부 불살라버렸다. 그러자 백성들이 모두 만세를 불렀다券徧合, 起矯命以責賜諸民, 因燒其券. 民稱萬歲." 여기에서 만세는 '영원하길 원한다'는 축원과 환호의 의미를 가진다.

『장자』에는 "세상 사람들은 힘들여 수고하지만 성인은 우둔하여, 오랜 세월 속에서 갖가지 것과 뒤섞이면서도 완전한 순수함을 한결같이 지닌다오衆人役役, 聖人愚芚, 參萬歲而一成純"라는 말이 있다. 만세는 오랜 세월이나 영원한 삶을 말한다.

풍훤은 맹상군이 집에 부족해 보이는 것을 사오라고 했는데 집에는 재물과 미인이 넘쳐나고 부족한 것은 의義뿐이기에 의義를 사왔다고 말했다. 맹상군은 언짢은 표정을 지었다. 일 년 후 오갈 데가 없어진 맹상군이 어쩔 수 없이 설 땅으로 돌아가게 되었다. 그곳에 이르지도 않았는데 백성들이 길을 메운 채로 맹상군을 영접했다. 그제야 맹상군은 풍훤을 돌아보고 그때 사온 '의'가 무엇인지 알았다고 대답한다. 재물은 쉽게 없어지지만 그 의義는 '영원히萬歲' 남아 맹상군을 지켜주었고, 의로운 행동은 지금까지도 전해지고 있는 것이다.

아이에게 한자를 조금씩 알려준 지 일 년이 지났다. 아이를 집에서 가르칠 때 가장 힘든 것이 꾸준함이다. 학원이나 기관에서는 진도가 있고 강제성이 있지만 집에서는 많은 것이 이해되기 때문에 쉽게 게으름을 피울 수 있다. 만일 한자를 가르치는 일이 좋은 점수를 받거나 좋은 학교에 가는 것에서 멈추는 일이었다면 아마 나도 매일 가르치지는 못했을 것이다. 만일 나의 욕심 때문에 아이에게 과도한 요구를 한다고 생각했다면 진작 그만두었을 것이다.

하지만 꾸준히 가르칠 수 있었던 동력은 한자를 이해하는 것이 한글을 떼는 과정에 속하는 일이라고 생각했기 때문이다. 한글 안에 한자의 뜻이 담겨 있다는 것을 아는 것이 우리글을 이해하는 기본 중 하나라고 생각했다. 한자는 존경하는 선조들이 사용한 언어이고 우리의 문화를 담고 있다. 어려워서 배우지 말아야 하는 외국어가 아니라 반드시 배워야 하는 우리 언어의 일부인 것이다. 한자는 '오랫동안萬歲' 사용되어왔고, 앞으로도 우리말을 더욱 풍부하게 만들어줄 것이다. 그래서 나는 오늘도 아이와 한자에 관한 이야기를 나눈다.

아이와 찾은 한자,
한 단어 마음 공부

1판 1쇄 찍음 2023년 5월 4일
1판 1쇄 펴냄 2023년 5월 12일

지은이 우승희

주간 김현숙 | **편집** 김주희, 이나연
디자인 이현정, 전미혜
영업·제작 백국현 | **관리** 오유나

펴낸곳 궁리출판 | **펴낸이** 이갑수

등록 1999년 3월 29일 제300-2004-162호
주소 10881 경기도 파주시 회동길 325-12
전화 031-955-9818 | **팩스** 031-955-9848
홈페이지 www.kungree.com
전자우편 kungree@kungree.com
페이스북 /kungreepress | **트위터** @kungreepress
인스타그램 /kungree_press

ISBN 978-89-5820-829-7 03370